贵州省首批"十四五"职业教育省级规划立项建设教材

中华优秀传统文化
经典诵读

上 册

总主编◎夏千胜　　杨秀美　　杨通智
主　编◎杨秀美　　陈文　　陈丽

华东师范大学出版社
·上海·

图书在版编目(CIP)数据

中华优秀传统文化经典诵读.上册/杨秀美,陈文,陈丽主编.—上海:华东师范大学出版社,2024.
ISBN 978-7-5760-5370-8

Ⅰ.K203

中国国家版本馆 CIP 数据核字第 2024KJ2127 号

中华优秀传统文化经典诵读(上册)

主　　编	杨秀美　陈　文　陈　丽
责任编辑	蒋梦婷
特约审读	富俊玲
责任校对	张佳妮　时东明
装帧设计	俞　越

出版发行	华东师范大学出版社
社　　址	上海市中山北路 3663 号　邮编 200062
网　　址	www.ecnupress.com.cn
电　　话	021-60821666　行政传真 021-62572105
客服电话	021-62865537　门市(邮购)电话 021-62869887
地　　址	上海市中山北路 3663 号华东师范大学校内先锋路口
网　　店	http://hdsdcbs.tmall.com

印 刷 者	上海昌鑫龙印务有限公司
开　　本	787 毫米×1092 毫米　1/16
印　　张	12.25
字　　数	201 千字
版　　次	2024 年 9 月第 1 版
印　　次	2024 年 9 月第 1 次
书　　号	ISBN 978-7-5760-5370-8
定　　价	36.00 元

出版人　王　焰

(如发现本版图书有印订质量问题,请寄回本社客服中心调换或电话 021-62865537 联系)

贵州省首批"十四五"职业教育省级规划立项建设教材

《中华优秀传统文化经典诵读》编委会

编委会主任：邹渊明

编委会副主任：李 立 王 智 李 琴

总主编：夏千胜（立项建设教材主持人）

编委会成员：（按姓氏笔画为序）

　　　　王绍文　龙泽强　卢仕萍　卯升府　母明伟　朱名一　刘元友

　　　　刘先录　杨秀美　何 林　张 豫　张文明　张德忠　陈 文

　　　　陈 丽　陈礼泽　林 林　周 竞　胡 晓　敖怀卫　夏忠胜

　　　　徐 欣　喻富学　蔡秋实　黎鹏旭

主审：母明伟　周 竞　龙泽强　张德忠　潘邦道　杨云燕　钟 艳

封面设计：蔡 虎

封面题字：吴维亮

版式设计：蔡 虎　陈 锋

美术编辑：蔡 虎　陈 锋　詹忠元

数字资源制作：胡 晓　王 智　高 丽　聂燕萍　蔡秋实　周文雅　陈世凯

　　　　　　　　杨佳云　陈忠孝　曾 华　黄 艳　孙 飞　陈绍兴

上册主编：杨秀美　陈 文　陈 丽

编写成员：钟 艳　潘邦道　高 云　肖 娟　樊 瑜　陈 文　罗丽娅

　　　　　　伍茂良　翟培淑　苏再荣　聂燕萍　杨通智　陈 略

校对：张世兵　刘传国

编写说明
BIAN XIE SHUO MING

《中华优秀传统文化经典诵读》是根据教育部办公厅 2019 年印发的《中等职业教育改革实施方案》和 2022 年贵州省教育厅《关于开展"十四五"职业教育省级规划教材建设有关工作的通知》的精神，为服务地方经济发展、体现民间传统技艺、传承和弘扬优秀传统文化而编写的地方特色教材。本教材旨在通过经典诵读的形式，引领中职学生深入了解中华优秀传统文化，培养其文化素养和人文精神。

一、教材特色

现代数字媒体技术应用：本教材充分运用现代数字媒体技术，通过影音视频、微课、课件、知识链接等方式，为学生提供丰富多样的学习体验。

贵州地方特色文化融入：教材注重贵州地方特色文化、名胜古迹等资源的融入，通过精美的插图展示贵州的自然风光、红色文化、历史遗迹和民俗文化。

数字资源内容适时更新：教材配套的数字资源，编写组可根据师生的反馈意见和建议，不断进行动态调整，让提供的资源更好地满足师生的使用需求。

二、教材结构

本教材分为上、下两册，每册设计五个主题板块，主题分别为：蒙以养正、立德树人（上册），天地无言、真爱永恒、美无止境、谱写华章、心系家国、命运与共、砥砺奋进、报国为民、缅怀先烈、桑梓情深（下册）。除上册第一板块外，每个板块均收录 20 篇文章，每学期每周每板块安排 1—2 篇诵读文章。

三、使用建议

本教材可作为传统文化选修课程教材使用，也可以作为学生晨读或语文学科课外阅读使用，适用于中职学校一、二年级学生，建议一年级使用上册，二年级使用下册。教师在教学过程中可结合所提供的数字资源，灵活运用多种教学方式，激发学生的学习兴趣。同时鼓励学生积极参与诵读活动,通过亲身实践感受中华优秀传统文化的魅力。

四、版权声明

我们已与选入本书作品(含图片、影音及视频等)的著作权人进行了联系,得到了他们的大力支持。对尚未联系上的著作权人,敬请尽快与我们联系以便支付稿酬和提供样书。

《中华优秀传统文化经典诵读》既是一部经典文献汇编,也是一部融入现代科技的教学辅助资料。我们期待着本书能为中职学生学习、传承和弘扬中华优秀传统文化、提升人文素养提供有力支持。衷心希望中职学校广大老师、同学及时向我们反馈意见和建议,便于我们不断修订和完善。

编写组

2024 年 4 月 29 日

序
XU

  2022年4月，习近平总书记致信祝贺首届全民阅读大会举办，指出"阅读是人类获取知识、启智增慧、培养道德的重要途径，可以让人得到思想启发，树立崇高理想，涵养浩然之气"，强调"中华民族自古提倡阅读，讲究格物致知、诚意正心，传承中华民族生生不息的精神，塑造中国人民自信自强的品格"，号召全社会都参与到阅读中来，形成爱读书、读好书、善读书的浓厚氛围。贺信为打造书香校园、构建书香社会、提高国民素养指明了方向、提供了遵循、注入了强劲动力。

  立身之基，在于立学；立学之道，读书为本。中华文明源远流长，中华文化博大精深；文人雅士浩若星辰，璀璨夺目；千年文脉静静流淌，绵延不绝；经典之作涵蕴万象，光照千秋。诗词歌赋，典籍史传，无不闪耀着先贤智慧之光芒。诵读经典，可厚德广智，传承古圣先贤绝学，亦能滋养品格，塑造完美人生。

  中等职业学校，既是技能人才成长的摇篮，又是传承和弘扬传统文化的重要阵地。我们组织编写的《中华优秀传统文化经典诵读》教材，旨在诵读经典，与先贤对话，崇德尚雅，修身怡性，启迪智慧，精技立业，传承文化精髓，涵养浩然之气。同时，我们致力于立德树人，在经典诵读中涵养人文底蕴。

  诵读经典，宜心静如水，深悟经典之独特韵味。而诵读之道，须持之以恒，积少成多，领略经典之深邃与广博。

  在本书编写过程中，我们力求经典性和可读性并重，让诵读者在格物致知、诚意正心的过程中，传承中华民族生生不息的精神，增强文化自信。我们还注重书香校园和书香社会建设，希望通过一届又一届的中职学生传播好声音、传递正能量、凝聚社会共识。

  最是书香能致远。一个伟大的民族，一定是在阅读积淀中厚积薄发，最终以智慧和品格赢来世界的尊重。

  路漫漫其修远兮，吾将上下而求索。愿本书能成为传承与弘扬优秀传统文化的明灯，照亮莘莘学子通向未来的道路。

夏千胜

2024年5月9日

目录
MU LU

蒙以养正　立德树人　　　　　　　　　　　　1

1　三字经（节选）⋯⋯⋯⋯⋯⋯⋯⋯⋯⋯⋯⋯⋯⋯⋯⋯ 2
2　弟子规 ⋯⋯⋯⋯⋯⋯⋯⋯⋯⋯⋯⋯⋯⋯⋯⋯⋯⋯⋯ 13
3　论语二十章 ⋯⋯⋯⋯⋯⋯⋯⋯⋯⋯⋯⋯⋯⋯⋯⋯⋯ 20
4　增广贤文（节选）⋯⋯⋯⋯⋯⋯⋯⋯⋯⋯⋯⋯⋯⋯⋯ 24

天地无言　真爱永恒　　　　　　　　　　　　29

5　关雎 ⋯⋯⋯⋯⋯⋯⋯⋯⋯⋯⋯⋯⋯⋯⋯⋯⋯⋯⋯⋯ 30
6　蒹葭 ⋯⋯⋯⋯⋯⋯⋯⋯⋯⋯⋯⋯⋯⋯⋯⋯⋯⋯⋯⋯ 32
7　赠汪伦 ⋯⋯⋯⋯⋯⋯⋯⋯⋯⋯⋯⋯⋯⋯⋯⋯⋯⋯⋯ 34
8　黄鹤楼送孟浩然之广陵 ⋯⋯⋯⋯⋯⋯⋯⋯⋯⋯⋯⋯ 35
9　梦游天姥吟留别 ⋯⋯⋯⋯⋯⋯⋯⋯⋯⋯⋯⋯⋯⋯⋯ 36
10　琵琶行 ⋯⋯⋯⋯⋯⋯⋯⋯⋯⋯⋯⋯⋯⋯⋯⋯⋯⋯ 39
11　送元二使安西 ⋯⋯⋯⋯⋯⋯⋯⋯⋯⋯⋯⋯⋯⋯⋯ 44
12　九月九日忆山东兄弟 ⋯⋯⋯⋯⋯⋯⋯⋯⋯⋯⋯⋯ 45
13　辋川闲居赠裴秀才迪 ⋯⋯⋯⋯⋯⋯⋯⋯⋯⋯⋯⋯ 46
14　山中 ⋯⋯⋯⋯⋯⋯⋯⋯⋯⋯⋯⋯⋯⋯⋯⋯⋯⋯⋯ 48
15　送杜少府之任蜀州 ⋯⋯⋯⋯⋯⋯⋯⋯⋯⋯⋯⋯⋯ 50
16　水调歌头·明月几时有 ⋯⋯⋯⋯⋯⋯⋯⋯⋯⋯⋯ 51
17　江城子·乙卯正月二十日夜记梦 ⋯⋯⋯⋯⋯⋯⋯ 53
18　雨霖铃·寒蝉凄切 ⋯⋯⋯⋯⋯⋯⋯⋯⋯⋯⋯⋯⋯ 55
19　凤栖梧·伫倚危楼风细细 ⋯⋯⋯⋯⋯⋯⋯⋯⋯⋯ 57
20　蝶恋花·槛菊愁烟兰泣露 ⋯⋯⋯⋯⋯⋯⋯⋯⋯⋯ 58
21　回乡偶书 ⋯⋯⋯⋯⋯⋯⋯⋯⋯⋯⋯⋯⋯⋯⋯⋯⋯ 60

22 钗头凤·红酥手 …………………………………………………… 62
23 七步诗 …………………………………………………………… 64
24 陈情表 …………………………………………………………… 66

美无止境　谱写华章
71

25 上善若水 ………………………………………………………… 72
26 为无为 …………………………………………………………… 74
27 敕勒歌 …………………………………………………………… 75
28 咏柳 ……………………………………………………………… 76
29 秋词（其一） …………………………………………………… 78
30 村居 ……………………………………………………………… 79
31 忆江南 …………………………………………………………… 81
32 夜宿山寺 ………………………………………………………… 82
33 望庐山瀑布 ……………………………………………………… 84
34 秋登宣城谢朓北楼 ……………………………………………… 86
35 滁州西涧 ………………………………………………………… 87
36 春日 ……………………………………………………………… 89
37 六月二十七日望湖楼醉书 ……………………………………… 90
38 饮湖上初晴后雨 ………………………………………………… 91
39 湖心亭看雪 ……………………………………………………… 92
40 画 ………………………………………………………………… 94
41 天净沙·秋 ……………………………………………………… 95
42 天净沙·秋思 …………………………………………………… 97
43 三峡 ……………………………………………………………… 99
44 爱莲说 …………………………………………………………… 101

心系家国　命运与共
105

45 逢入京使 ………………………………………………………… 106
46 黄鹤楼 …………………………………………………………… 107

47	商山早行	109
48	金陵五题·二首	111
49	渔家傲·秋思	113
50	临江仙·滚滚长江东逝水	114
51	泊船瓜洲	116
52	题临安邸	117
53	春望	118
54	闻官军收河南河北	119
55	茅屋为秋风所破歌	120
56	沁园春·雪	122
57	菩萨蛮·大柏地	124
58	墨梅	125
59	江城子·密州出猎	126
60	正气歌	127
61	木兰诗	129
62	离骚（节选）	131
63	阿房宫赋	133
64	岳阳楼记	136

砥砺奋进　报国为民　　　　　　　　　　141

65	梅花	142
66	长歌行	143
67	陋室铭	145
68	生于忧患　死于安乐	147
69	劝学诗	149
70	竹石	150
71	龟虽寿	151
72	於潜僧绿筠轩	153
73	定风波	155

74	石灰吟	157
75	自立立人歌	158
76	赠从弟(其二)	160
77	望蓟门	162
78	走马川行奉送封大夫出师西征	164
79	古意	165
80	苏武庙	167
81	南安军	169
82	大学之道	171
83	游褒禅山记	173
84	祭十二郎文	176

贵阳甲秀楼

蒙以养正 立德树人

深厚的文化底蕴,五千年灿烂文明,这就是经典。生于斯、长于斯,感受华夏之泱泱、神州之浩浩,我骄傲我自豪。上下五千年厚重的沉淀,只待我们遒劲勃发!

站在巨人的肩膀上,梦有多远,我们就能站多高。在这片星河里,我们可以上了一层,再上一层,一层有一层的风景,一层有一层的境界,魅力无穷!

蒙学,中华文化之渊源,蒙以养正。『问渠哪得清如许,为有源头活水来。』它决定的是深度,是高度。

1　三字经①（节选）

王应麟

人之初,性本善。性相近,习相远。②

苟不教,性乃迁。③教之道,贵以专。④

昔孟母,择邻处。子不学,断机杼。⑤

窦燕山⑥,有义方。教⑦五子,名俱扬。

养不教,父之过。教不严,师之惰。

子不学,非所宜。幼不学,老何为⑧。

玉不琢,不成器。人不学,不知义⑨。

为人子,方少时。亲⑩师友,习礼仪。

香⑪九龄,能温席。孝于亲,所当执⑫。

融⑬四岁,能让梨。弟于长,⑭宜先知。

首孝弟,次见闻。知某数,识某文。⑮

一而十,十而百。百而千,千而万。

三才者,天地人。三光者,日月星。

三纲⑯者,君臣义。父子亲,夫妇顺⑰。

曰春夏,曰秋冬。此四时,运⑱不穷。

曰南北,曰西东。此四方,应⑲乎中。

曰水火,木金土。此五行⑳,本乎数。

曰仁义,礼智信。此五常,不容紊。㉑

稻粱菽,麦黍稷。此六谷,人所食。

马牛羊,鸡犬豕。此六畜,人所饲。

曰喜怒,曰哀惧。爱恶欲,七情具㉒。

匏土革,木石金。丝与竹,乃八音㉓。

高曾祖,㉔父而身。身而子,子而孙。

自子孙,至玄曾㉕。乃九族,人之伦㉖。

父子恩,夫妇从。兄则友,弟则恭。

长幼序,友与朋。君则敬,臣则忠。

此十义㉗,人所同。凡训蒙㉘,须讲究。

详训诂㉙,名句读㉚。为学者,必有初。

小学㉛终,至四书㉜。论语㉝者,二十篇。

群弟子,记善言。孟子者,七篇止。

讲道德,说仁义。作中庸,子思笔。

中不偏,庸不易。作大学,乃曾子。

自修齐,至平治。孝经㉞通,四书熟。

如六经㉟，始可读。诗书易，礼春秋。

号六经，当讲求。有连山，有归藏。㊱

有周易，三易详。有典谟，有训诰。㊲

有誓命㊳，书之奥。我周公㊴，作周礼。

著六官，㊵存治体。大小戴，注礼记。

述圣言，礼乐备。曰国风，曰雅颂。

号四诗，当讽咏。诗既亡，春秋作。

寓褒贬，别善恶。三传者，有公羊。

有左氏，有穀梁。经既明，方读子。㊶

撮其要，记其事。五子者，有荀扬㊷。

文中子，及老庄。㊸经子通，读诸史。㊹

考㊺世系，知终始。自羲农㊻，至黄帝。

号三皇，居㊼上世。唐有虞，㊽号二帝。

相揖逊㊾，称盛世。夏有禹，商有汤。㊿

周文武，(51)称三王。夏传子，(52)家天下。

四百载，迁(53)夏社(54)。汤伐夏，国号商。

六百载，至纣亡。周武王，始诛纣。

八百载，最长久。周辙东，(55)王纲坠。

逞干戈,尚游说。始春秋,终战国。

五霸强,七雄出。嬴秦氏,㊻始兼并。

传二世,楚汉争。高祖兴,汉业建。

至孝平,王莽篡。光武兴,为东汉。

四百年,终于献。魏蜀吴,争汉鼎。㊼

号三国,迄两晋。宋齐继,梁陈承。

为南朝,都金陵。北元魏,分东西。

宇文周,与高齐。迨至隋,一土宇。㊽

不再传,失统绪。唐高祖,㊾起义师。

除隋乱,创国基。二十传,三百载。

梁㊿灭之,国乃改。梁唐晋,及汉周。

称五代,皆有由。炎宋㊶兴,受周禅。

十八传,南北混。辽与金,帝号纷。

迨灭辽,宋犹存。至元兴,金绪歇。

有宋世,一同灭。并中国,兼戎狄。

九十年,国祚㊷废。明太祖,㊸久亲师。

传建文,㊹方四祀。迁北京,永乐㊺嗣。

迨崇祯,㊻煤山逝。清太祖,㊼膺景命。㊽

靖四方，克大定。至世祖⁵⁹，乃大同。

十二世，清祚终。读史者，考实录。

通古今，若亲目。口而诵，心而惟⁷⁰。

朝于斯，夕于斯。昔仲尼⁷¹，师项橐。

古圣贤，尚勤学。赵中令，读鲁论。

彼既仕，学且勤。披蒲编，削竹简。

彼无书，且知勉。头悬梁，锥刺股。

彼不教⁷²，自勤苦。如囊萤，如映雪。

家虽贫，学不辍。如负薪，如挂角。

身虽劳，犹苦卓⁷³。苏老泉，⁷⁴二十七。

始发愤，读书籍。彼既老，犹悔迟。

尔小生⁷⁵，宜早思。若梁灏，八十二。

对大廷，魁多士。彼既成，众称异。

尔小生，宜立志。莹八岁，能咏诗。

泌七岁，能赋棋。彼颖悟，人称奇。

尔幼学，当效之。蔡文姬，能辨琴。

谢道韫，能咏吟。彼女子，且聪敏。

尔男子，当自警⁷⁶。唐刘晏，方七岁。

举神童,作正字。彼虽幼,身已仕。

尔幼学,勉而致。有为者,亦若是。

犬守夜,鸡司⁷⁷晨。苟不学,曷为人。

蚕吐丝,蜂酿蜜。人不学,不如物。

幼而学,壮而行⁷⁸。上致君,下泽民。⁷⁹

扬名声,显父母⁸⁰。光于前,裕于后。⁸¹

人遗⁸²子,金满籯⁸³。我教子,惟一经。

勤有功⁸⁴,戏无益。戒之哉,宜勉力。

【注 释】

① 选自《三字经·百家姓·千字文·弟子规》(李逸安译注,中华书局 2016 年版)。

② 人之初:人刚出生的时候。初:初始。性:天性,本性。善:善良,好的。近:差不多。习:指生活环境对人的影响以及教育对人的熏陶。

③ 苟:如果。迁:转变,指人的天性向坏的一面发展。

④ 道:规律,方法。专:专一。

⑤ 孟母:孟子的母亲,因为培养了亚圣孟子,被后世尊为贤母的典范。断机杼:剪断织好的布,这里用织布的过程来说明做事情不能三心二意。

⑥ 窦燕山:指唐末五代时期的窦禹钧。

⑦ 教:(家庭)教育。育教:(老师对学生)教育。

⑧ 何为:怎么办。

⑨ 义:道理。

⑩ 亲:亲近,尊敬。

⑪ 香:指东汉时期的黄香,官至尚书令。

⑫ 执:做到。

⑬ 融:指东汉时期的孔融,著名文学家。

⑭ 弟:同"悌",指弟弟敬重哥哥。长:兄长。

⑮ 数:算术。文:文章,文学。

⑯ 纲:纲领,准则。

⑰ 顺:和顺,和睦。

⑱ 运:运行。

⑲ 应:对应。

⑳ 五行:金、木、水、火、土,我国古代思想家提出的构成宇宙万物不可缺少的五种基本元素。

㉑ 常:常规,准则。紊:改变。

㉒ 具:具备。

㉓ 八音:指上面所提的八种乐器。

㉔ 高:高祖,曾祖父的父亲。曾:曾祖,祖父的父亲。祖:祖父。

㉕ 玄:玄孙,孙子的孙子。曾:曾孙,孙子的儿子。

㉖ 伦:辈分,顺序。

㉗ 义:指上文提到的做人应该遵守的行为准则。

㉘ 训蒙:启蒙教育。

㉙ 训诂:解释古文词句的意思。

㉚ 句读:文章中应该停顿的地方,完整的句子称"句",句中较短的停顿称"读"。

㉛ 小学:朱熹编订的《小学》。

㉜ 四书:《论语》《孟子》《大学》《中庸》,宋代朱熹把这四本书合在一起,称为"四书",并为之作集注。

㉝ 论语:指《论语》,由孔子弟子及其再传弟子辑录的有关孔子及其部分弟子言行的书。

㉞ 孝经:指《孝经》,儒家经典之一,论述封建忠孝思想。

㉟ 六经:儒家的六部经典著作,《诗》《书》《易》《礼》《春秋》《乐》,《乐》已失传。

㊱ 连山:《连山》,相传由伏羲氏所作,又称《连山易》。归藏:《归藏》,相传由黄帝所作,又称《归藏易》。

㊲ 典、谟、训、诰:均为《尚书》的文体。

㊳ 誓、命:均为《尚书》的文体。

㊴ 周公:周公旦,周武王的弟弟。

㊵ 著:设置。六官:设置的六个机构,相当于后来的六部。

㊶ 经:指儒家经典。子:指诸子百家的著作。

㊷ 荀扬:指战国著名思想家荀子和西汉著名文学家扬雄。

㊸ 文中子:指隋朝的王通。老庄:指道家学派的代表人物老子和庄子。

㊹ 通:懂得,精通。诸:众多。

㊺ 考:考证,考据。

㊻ 羲:伏羲氏,神话传说中的人类始祖。农:神农氏,传说中的农业、医药的发明者。

㊼ 居:相当于"处在""生活在"。

㊽ 唐:指尧帝。虞:指舜帝。

㊾ 揖逊:禅让帝位。

㊿ 禹:夏朝的开国之君。汤:商朝的开国之君。

(51) 周文武:周文王和周武王。

(52) 夏传子:夏禹将帝位传给儿子,不再实行选贤禅让帝位。

(53) 迁:改变。

(54) 社:社稷江山。

(55) 周辙东:指周平王将国都从陕西西安东迁到河南洛阳。

(56) 嬴秦氏:指秦王嬴政。

(57) 争汉鼎:争夺汉室天下。

(58) 一土宇:统一天下。

(59) 唐高祖:李渊。

(60) 梁:公元 907 年,朱温代唐称帝,定都开封,国号梁。史称后梁。

㉛ 炎宋：公元960年赵匡胤建立宋朝，定都开封。

㉒ 国祚：国运。

㉓ 明太祖：朱元璋，1368年推翻元朝，建立明朝，定都南京。

㉔ 建文：明惠帝，朱元璋之孙。

㉕ 永乐：明成祖朱棣。

㉖ 崇祯：明思宗，明朝末代皇帝。

㉗ 清太祖：努尔哈赤。

㉘ 膺景命：承受天命（继承王位）。

㉙ 世祖：顺治皇帝爱新觉罗·福临。

⑩ 惟：思考。

⑪ 仲尼：孔子，名丘，字仲尼。

⑫ 不教：不用监督。

⑬ 苦卓：刻苦努力。

⑭ 苏老泉：苏洵，别号老泉。

⑮ 小生：年轻人。

⑯ 自警：自我警醒，自我鞭策。

⑰ 司：负责。

⑱ 行：做事，工作，实践。

⑲ 上致君：指报效国家。下泽民：惠及老百姓。

⑳ 显父母：使父母的声名得以显示。

㉑ 光于前：光宗耀祖之意。裕于后：造福后代之意。

㉒ 遗：遗留。

㉓ 籯：竹筐。

㉔ 功：功劳，功绩。

【知识链接】

　　《三字经》,世传为宋代大儒王应麟所作,是中国的传统启蒙教材。在中国古代经典当中,《三字经》是最浅显易懂的读本之一。《三字经》取材典范,包括中国传统文化中的文学、历史、哲学、天文地理、人伦义理、忠孝节义等等,而核心思想又包括了仁、义、诚、敬、孝。背诵《三字经》的同时,就了解了常识、传统国学及历史故事,以及故事蕴含的做人做事的道理。它被称为"千古第一奇书"。

　　在格式上,三字一句,朗朗上口,其文通俗、顺口、易记等特点,使其与《百家姓》《千字文》并称为中国传统蒙学三大读物,合称"三百千"。基于历史原因,《三字经》难免含有一些精神糟粕、艺术瑕疵,但其独特的思想价值和文化魅力仍然为世人所公认,被历代中国人奉为经典并不断流传。

2 弟子规

李毓秀

总叙

弟子规,圣人训,首孝弟,次谨信。

泛爱众,而亲仁,有余力,则学文。

入则孝　出则悌

父母呼，应勿缓，父母命，行勿懒。

父母教，须敬听，父母责，须顺承。

冬则温，夏则凊，晨则省，昏则定。

出必告，反必面，居有常，业无变。

事虽小，勿擅为，苟擅为，子道亏。

物虽小，勿私藏，苟私藏，亲心伤。

亲所好，力为具，亲所恶，谨为去。

身有伤，贻亲忧，德有伤，贻亲羞。

亲爱我，孝何难，亲恶我，孝方贤。

亲有过，谏使更，怡吾色，柔吾声。

谏不入，悦复谏，号泣随，挞无怨。

亲有疾，药先尝，昼夜侍，不离床。

丧三年，常悲咽，居处变，酒肉绝。

丧尽礼，祭尽诚，事死者，如事生。

兄道友，弟道恭，兄弟睦，孝在中。

财物轻，怨何生，言语忍，忿自泯。

或饮食，或坐走，长者先，幼者后。

长呼人，即代叫，人不在，己即到。

称尊长，勿呼名，对尊长，勿见能。

路遇长，疾趋揖，长无言，退恭立。

骑下马，乘下车，过犹待，百步余。

长者立，幼勿坐，长者坐，命乃坐。

尊长前，声要低，低不闻，却非宜。

进必趋，退必迟，问起对，视勿移。

事诸父，如事父，事诸兄，如事兄。

谨而信

朝起早，夜眠迟，老易至，惜此时。

晨必盥，兼漱口，便溺回，辄净手。

冠必正，纽必结，袜与履，俱紧切。

置冠服，有定位，勿乱顿，致污秽。

衣贵洁，不贵华，上循分，下称家。

对饮食，勿拣择，食适可，勿过则。

年方少,勿饮酒,饮酒醉,最为丑。

步从容,立端正,揖深圆,拜恭敬。

勿践阈,勿跛倚,勿箕踞,勿摇髀。

缓揭帘,勿有声,宽转弯,勿触棱。

执虚器,如执盈,入虚室,如有人。

事勿忙,忙多错,勿畏难,勿轻略。

斗闹场,绝勿近,邪僻事,绝勿问。

将入门,问孰存,将上堂,声必扬。

人问谁,对以名,吾与我,不分明。

用人物,须明求,倘不问,即为偷。

借人物,及时还,人借物,有勿悭。

凡出言,信为先,诈与妄,奚可焉。

话说多,不如少,惟其是,勿佞巧。

刻薄语,秽污词,市井气,切戒之。

见未真,勿轻言,知未的,勿轻传。

事非宜,勿轻诺,苟轻诺,进退错。

凡道字,重且舒,勿急疾,勿模糊。

彼说长,此说短,不关己,莫闲管。

见人善,即思齐,纵去远,以渐跻。

见人恶,即内省,有则改,无加警。

惟德学,惟才艺,不如人,当自励。

若衣服,若饮食,不如人,勿生戚。

闻过怒,闻誉乐,损友来,益友却。

闻誉恐,闻过欣,直谅士,渐相亲。

无心非,名为错,有心非,名为恶。

过能改,归于无,倘掩饰,增一辜。

泛爱众　而亲仁

凡是人,皆须爱,天同覆,地同载。

行高者,名自高,人所重,非貌高。

才大者,望自大,人所服,非言大。

己有能,勿自私,人所能,勿轻訾。

勿谄富,勿骄贫,勿厌故,勿喜新。

人不闲,勿事搅,人不安,勿话扰。

人有短,切莫揭,人有私,切莫说。

道人善，即是善，人知之，愈思勉。

扬人恶，即是恶，疾之甚，祸且作。

善相劝，德皆建，过不规，道两亏。

凡取与，贵分晓，与宜多，取宜少。

将加人，先问己，己不欲，即速已。

恩欲报，怨欲忘，抱怨短，报恩长。

待婢仆，身贵端，虽贵端，慈而宽。

势服人，心不然，理服人，方无言。

同是人，类不齐，流俗众，仁者稀。

果仁者，人多畏，言不讳，色不媚。

能亲仁，无限好，德日进，过日少。

不亲仁，无限害，小人进，百事坏。

行有余力　则以学文

不力行，但学文，长浮华，成何人。

但力行，不学文，任己见，昧理真。

读书法，有三到，心眼口，信皆要。

方读此，勿慕彼，此未终，彼勿起。

宽为限，紧用功，工夫到，滞塞通。

心有疑，随札记，就人问，求确义。

房室清，墙壁净，几案洁，笔砚正。

墨磨偏，心不端，字不敬，心先病。

列典籍，有定处，读看毕，还原处。

虽有急，卷束齐，有缺损，就补之。

非圣书，屏勿视，蔽聪明，坏心志。

勿自暴，勿自弃，圣与贤，可驯致。

【知识链接】

　　《弟子规》是一部以伦理道德教育和行为规范教育为主要内容的蒙学读物。原系清朝康熙年间的秀才李毓秀编撰的《训蒙文》，后经清朝乾隆年间的贾存仁修订，改名为《弟子规》。

　　《弟子规》内容紧扣《论语·学而》第六章的"弟子入则孝，出则弟，谨而信，泛爱众，而亲仁，行有余力，则以学文"的主旨，以通俗的文字和三字成句的形式进行阐释，列举了"弟子"居家、外出、待人、处世及求学时应该掌握和遵循的道德规范和行为准则。

3　论语二十章①

《论语》

子②曰:"学③而时习之,不亦说④乎？有朋自远方来,不亦乐乎？人不知而不愠,不亦君子⑤乎？"

子曰:"君子不重则不威,学则不固⑥。主忠信,无友不如己⑦者。过,则勿惮改。"

子曰:"君子食无求饱,居无求安,敏于事而慎于言,就⑧有道⑨而正⑩焉,可谓好学也已。"

子曰:"不患人⑪之不己知,患不知人也。"

子曰:"温故⑫而知新,可以为师矣。"

子曰:"学而不思则罔⑬,思而不学则殆⑭。"

子曰:"由⑮！诲女知之乎？知之为知之,不知为不知,是知⑯也。"

子曰:"君子周⑰而不比⑱,小人比而不周。"

子曰:"人而无信,不知其可也。大车无輗⑲,小车无軏⑳,其何以行之哉㉑？"

子曰:"不患㉒无位,患所以立㉓；不患莫己知㉔,求为可知也。"

子曰:"见贤㉕思齐焉㉖,见不贤而内自省㉗也。"

子曰:"德㉘不孤,必有邻。"

子曰:"知之者不如好之者,好之者不如乐之者。"㉙

子曰:"三人行,必有我师焉㉚。择其善者㉛而从之,其不善者而改之。"

子曰:"如有周公之才之美,使骄㉜且吝㉝,其余不足观也已。"

子贡问为仁,子曰:"工欲善㉞其事,必先利㉟其器㊱。居是邦也,事其大夫之贤者,友其士之仁者。"

子贡问曰:"有一言而可以终身行之者乎?"㊲子曰:"其恕㊳乎!己所不欲,勿施于人。"

子曰:"巧言乱德,小不忍,则乱大谋。"㊴

孔子曰:"君子有九思:视思明,听思聪,色思温,貌思恭,言思忠,事思敬,疑思问,忿思难㊵,见得思义。"

孔子曰:"不知命,无以㊶为君子也;不知礼,无以立也;不知言㊷,无以知人也。"

【注 释】

① 选自《四书章句集注》,朱熹撰(中华书局2011年版)。
② 子:先生,指孔子。
③ 学:孔子在这里所讲的"学",主要是指学习西周的《礼》《乐》《诗》《书》等传统文化典籍。
④ 说:同"悦",高兴、愉快的意思。
⑤ 君子:《论语》中的君子,有时指有德者,有时指有位者。此处指孔子理想中具有高尚人格的人。
⑥ 学则不固:有两种解释,一是作坚固解,与上句相连,不庄重就没有威严,所学也不坚固;二是作固陋解,喻人见闻少,学了就可以不固陋。
⑦ 不如己:一般解释为不如自己。另一种解释说,"不如己者,不类乎己,所谓'道不

同不相为谋'也",把"如"解释为"类似"。

⑧ 就:靠近、看齐。

⑨ 有道:指有道德的人。

⑩ 正:匡正、端正。

⑪ 患:忧虑、怕。人:指有教养、有知识的人,而非民。

⑫ 温:温习。故:旧的,学过的旧知识。

⑬ 罔:迷惑,意思是感到迷茫而无所适从。

⑭ 殆:疑惑。

⑮ 由:仲由,字子路,春秋时期鲁国人,孔子的得意门生,以政事见称。

⑯ 知(zhì):同"智",聪明。

⑰ 周:包容、调和。

⑱ 比:勾结。"周而不比"即关系密切,但不勾结。"比而不周"指几个人亲密勾结,但却并无包容之心。

⑲ 輗(ní):牛车车辕与轭相连接的木销子。《朱子集注》称:"大车,谓平地任载之车。辕端横木,缚轭以驾牛者。"

⑳ 軏(yuè):马车车辕与轭相连接的木销子。《朱子集注》称:"小车,谓田车、兵车、乘车。辕端上曲,钩衡以驾马者。"

㉑ 何以:以何,凭什么。之:音节助词,无实义。《朱子集注》称:"车无輗軏,则不可以行,人而无信,亦犹是也。"

㉒ 患:担忧、忧虑。

㉓ 立:自立、立身,即学有所成、德有所立。

㉔ 莫己知:别人不知道自己。

㉕ 贤:贤人,贤德的人。

㉖ 焉:句末语气词。

㉗ 省:反省,检查。

㉘ 德:道德、德行。指有德者。

㉙ 知:懂得,知道。之:代词,它,它们,这里指学问和事业。一说,指仁德。乐:

以……为快乐。好:喜欢,爱好。者:代词,……的人。

㉚ 焉:于此,意思是"在其中"。

㉛ 善者:好的方面。

㉜ 骄:骄傲。

㉝ 吝:吝啬。

㉞ 善:使……好。

㉟ 利:使……锐利。

㊱ 器:工具。

㊲ 一言:一个字。言:字。终身:一生。

㊳ 恕:推己及人,即"己所不欲,勿施于人"。

㊴ 小不忍:"小不忍"不仅是不忍小愤怒,还包括不忍小仁小惠。大谋:大事情。

㊵ 难:这里指发怒可能带来的灾难、留下的后患。

㊶ 无以:"无所以"的省略。

㊷ 知言:善于分析别人的言语,辨别其是非善恶。

【知识链接】

《论语》是一部以记言为主的语录体著作,由孔子弟子及再传弟子辑录而成。主要以语录和对话文体的形式记录了孔子及其弟子的言行,集中体现了孔子的政治、审美、道德伦理和功利等价值思想。是我们了解和研究孔子思想最基本最可靠的资料,也是了解儒学理论的重要文献。

《论语》在古代有3个版本:《古论语》《鲁论语》和《齐论语》。现在通行的《论语》是后人根据以上3个版本整理编订形成的版本。现存《论语》20篇,492章。形式上多为语录,言简义丰,口语化表达,浅近易懂。

南宋时朱熹将《礼记》中的《大学》《中庸》两篇单独抽出来,与《论语》《孟子》编在一起合为"四书",并为其作集注。这"四书"与"五经"——《诗经》《尚书》《礼记》《周易》《春秋》一道并称为"四书五经"。

4 增广贤文(节选)①

佚 名

观今宜鉴古,无古不成今。知己知彼,将心比心。②

相逢好似初相识,到老终无怨恨心。近水知鱼性,近山识鸟音。③

钱财如粪土,仁义值千金。饶人不是痴汉,痴汉不会饶人。④

莺花犹怕春光老,岂可教人枉度春。⑤

古人不见今时月,今月曾经照古人。先到为君,后到为臣。⑥

莫道君行早,更有早行人。自恨枝无叶,莫怨太阳偏⑦。

一年之计在于春,一日之计在于寅⑧。一家之计在于和,一生之计在于勤。

责人之心责己,恕己之心恕人。再三须慎意,第一莫欺心。⑨

平生莫作皱眉事，世上应无切齿人。⑩

积金千两，不如明解经书。⑪

有田不耕仓廪虚，有书不读子孙愚。⑫仓廪虚兮岁月乏，子孙愚兮礼仪疏。

同君一席话，胜读十年书。人不通今古，马牛如襟裾。⑬

欲求生富贵，须下死工夫。百年成之不足，一旦败之有余。⑭

宁可正而不足，不可邪而有余。⑮

三思而行，再思⑯可矣。

若要人不知，除非己莫为。⑰

宁向直中取，不可曲中求。⑱

人无远虑，必有近忧。⑲

黑发不知勤学早，看看又是白头翁。⑳月到十五光明少，人到中年万事休。

深山毕竟藏猛虎，大海终须纳㉑细流。

善事可作，恶事莫为。许人一物，千金不移。㉒

少壮不努力，老大徒伤悲。㉓

枯木逢春犹再发，人无两度再少年。㉔

为学始知道，不学亦徒然。㉕

君子爱财，取之有道。㉖

好学者如禾如稻，不学者如蒿如草。黄金未为贵，安乐值钱多。万般皆下品，

惟有读书高。㉑

根深不怕风摇动，树正无愁㉒月影斜。

【注　释】

① 选自《增广贤文》，张齐明译注(中华书局2017年版)。

② 宜:应该。鉴:借鉴。知:了解。

③ 初:初次。近:接近。性:习性。

④ 仁:良心，善心。义:诚实，守信，仗义。饶:宽恕。痴汉:愚蠢的人。

⑤ 莺:黄莺。犹:尚且。度:虚度。

⑥ 古:古代。今:今天。君:君王。

⑦ 偏:倾斜。

⑧ 寅:寅时。古人以十二地支计时，寅时相当于现在的凌晨3点到5点之时间段。

⑨ 责:责备。恕:宽恕，原谅。慎:慎重。

⑩ 皱眉事:坑害人的事。切齿人:仇人，恨你的人。

⑪ 积:积累。金:黄金。

⑫ 仓廪:粮库。虚:空虚。愚:愚昧。

⑬ 胜:好过，胜过。襟:上衣的前面部分。裾:衣服的前襟。

⑭ 欲:想要。成:建设。

⑮ 不足:不富足。有余:富足。

⑯ 再思:第二次思考。

⑰ 若要:想要。己莫为:自己不去做。

⑱ 直:正直，指光明正大的方式。曲:弯曲，指歪门邪道。

⑲ 远:长远。忧:忧患。

⑳ 黑发:年轻时。白头翁:老年人。

㉑ 纳:接纳。

㉒ 许:许诺。移:改变。

㉓ 少壮:年轻力壮。老大:年老体衰。

㉔ 犹:会。两度:两次。

㉕ 为学:做学问,读书。知道:懂得道理。

㉖ 君子:指品德高尚的人。有道:正当,合理合法的方式。

㉗ 如禾如稻:比喻像庄稼一样有用。如蒿如草:比喻像野草一样无用。万般:各种各样。下品:低的等级。

㉘ 无愁:不愁,不怕。

【知识链接】

《增广贤文》,又名《昔时贤文》《古今贤文》。其具体成书时间和作者均不可考,书名最早见于明朝万历年间的戏曲《牡丹亭》,据此可推知此书最迟写成于明朝万历年间。后来,经历了明、清文人的不断增补和修订。

《增广贤文》现在的通行本,四千余字,以韵文的形式汇集了中国从古至今各家先贤的各种名言语录、处世格言以及民间谚语。内容多注重为人处世的启蒙、人生智慧的启迪和对经验总结的传承。又因其句式灵活自由、表达方式口语化、易于记诵的特点,而雅俗共赏,广为流传,影响深远。

威宁草海

天地无言 真爱永恒

母亲手中密密缝的线，出门前那一声声的叮嘱，以及望着你远去的方向的焦急等待和殷殷期盼；父亲手里坚实的板子、严厉的注视；同学耳边絮叨的酒甜醋酸；朋友离别潇洒转身时酷帅的手势……这世间最美的种子，埋在哪里，就在哪里生根发芽，开出最灿烂的花朵。温暖四季，温暖每一片土地，每个人心间。抚平一切忧伤，安慰每一声叹息。

雪中送炭、锦上添花的，千尺量不尽的，一个『愁』字说不完、道不尽的，执手相看的尽头是泪眼的，『长亭外，古道边』的千古绝唱啊！值得珍藏，值得于漫漫人生中去感、去品、去悟、去浅唱、去低吟……

5 关 雎

《诗经》

关关雎鸠,在河之洲。窈窕淑女,君子好逑。

参差荇菜,左右流之。窈窕淑女,寤寐求之。

求之不得,寤寐思服。悠哉悠哉,辗转反侧。

参差荇菜,左右采之。窈窕淑女,琴瑟友之。

参差荇菜,左右芼之。窈窕淑女,钟鼓乐之。

【赏 析】

《国风·周南·关雎》是《诗经》的第一篇,虽然篇幅短小,却在中国文学史上占据着特殊的位置。此诗在内容上被认为是一首描写男女恋爱的情歌,在艺术手法上又巧妙地采用了"兴"的表现手法,为我们描述了一个美丽委婉的有关相思爱慕的故事:首章以雎鸟相向合鸣、相依相恋,兴起淑女陪君子的联想。以下各章,又以采荇菜这一行为兴起主人公对女子疯狂的相思与追求。语言优美动人,善于运用双声、叠韵和重叠词,极大地增强了诗歌的节奏感和音乐美。

【知识链接】

《诗经》是中国古代诗歌的开端,是我国古代最早的一部诗歌总集,收集了西周初年至春秋中叶(前11世纪至前6世纪)的诗歌,共三百一十一篇,其中六篇为笙诗,即只有标题,没有内容,称为笙诗六篇(《南陔》《白华》《华黍》《由庚》《崇丘》《由仪》),反映了周初至周晚期约五百年间的社会面貌。

《诗经》相传为尹吉甫采集、孔子编订。《诗经》在先秦时期称为《诗》,或取其整数称《诗三百》。西汉时被尊为儒家经典,始称《诗经》,并沿用至今。

《诗经》在内容上分为《风》《雅》《颂》三个部分。手法上分为"赋""比""兴"。《风》是周代各地的歌谣;《雅》是周人的正声雅乐,又分《小雅》和《大雅》;《颂》是周王庭和贵族宗庙祭祀的乐歌,又分为《周颂》《鲁颂》和《商颂》。

6 蒹 葭①

《诗经》

蒹葭②苍苍③,白露为④霜。所谓伊人,在水一方。

溯洄从之,⑤道阻且长。溯游从之,宛在水中央。

蒹葭萋萋,白露未晞⑥。所谓伊人,在水之湄⑦。

溯洄从之,道阻且跻⑧。溯游从之,宛在水中坻⑨。

蒹葭采采,白露未已。所谓伊人,在水之涘⑩。

溯回从之,道阻且右。溯游从之,宛在水中沚⑪。

【注 释】

① 选自《诗经》(中华书局2017年版)第151页。

② 蒹(jiān):没长穗的芦苇。葭(jiā):初生的芦苇。

③ 苍苍:鲜明、茂盛貌。下文"采采"义同。

④ 为:凝结成。

⑤ 溯洄:逆流而上。下文"溯游"指顺流而下,一说指弯曲的水道,"游"指直流的水道。从:追寻。

⑥ 晞(xī):干。

⑦ 湄:水和草交接的地方,也就是岸边。

⑧ 跻(jī):升高,这里形容道路又陡又高。

⑨ 坻(chí):水中的沙滩。

⑩ 涘(sì):水边。

⑪ 沚(zhǐ):水中的小块陆地。

【赏　析】

　　《蒹葭》表现的主旋律优美缠绵而富有古韵,既写出了芦苇茂盛生长的自然状态,又为我们吟唱了爱情道路的曲折绵长,通过不断吟唱的诗歌旋律,表达了伊人虽然近在咫尺,但却遥不可及的痛苦心情,表现出诗人对爱情的执着和追求。"所谓伊人,在水一方",交代了诗人所思慕的、苦苦追求而不能及的对象和伊人所在的地点,而诗人在河畔另一头早已望穿秋水,表现出诗人的思见心切。"在水一方",语言唯美,语气肯定,说明诗人确信他思慕之人的存在,并心心念念地去追求,只可惜河水隔绝,相见不易。

7　赠汪伦

李　白

李白乘舟将欲行，忽闻岸上踏歌声。

桃花潭水深千尺，不及汪伦送我情。

【赏　析】

　　唐天宝年间，汪伦听说大诗人李白旅居南陵叔父李阳冰家，便写信邀请李白到家中做客。信上说："先生好游乎？此处有十里桃花。先生好饮乎？此处有万家酒店。"李白素好饮酒，又闻有如此美景，欣然应邀而至，却未见信中所言盛景。汪伦盛情款待，搬出用桃花潭水酿成的美酒与李白同饮，并笑着告诉李白："桃花者，十里外潭水名也，并无十里桃花。万家者，开酒店的主人姓万，并非有万家酒店。"李白听后大笑不止，并不以为被愚弄，反而被汪伦的盛情所感动，适逢春风桃李花开日，群山无处不飞红，加之潭水深碧，清澈晶莹，翠峦倒映，汪伦留李白连住数日，每日以美酒相待，别时送名马八匹、官锦十段。李白在东园古渡乘舟欲往万村，登旱路去庐山，汪伦在古岸阁上设宴为李白饯行，并拍手踏脚，歌唱民间的《踏歌》相送。李白深深感激汪伦的盛意，作《赠汪伦》诗一首：李白乘舟将欲行，忽闻岸上踏歌声。桃花潭水深千尺，不及汪伦送我情。

【知识链接】

　　李白（701年—762年），字太白，号青莲居士，又号"谪仙人"，唐代伟大的浪漫主义诗人，被后人誉为"诗仙"，与杜甫并称为"李杜"。李白爽朗大方，爱饮酒作诗，喜交友。

　　李白有《李太白集》传世，诗作多为醉时所写，代表作有《望庐山瀑布》《行路难》《蜀道难》《将进酒》《早发白帝城》等。

8　黄鹤楼送孟浩然之广陵①

李　白

故人西辞黄鹤楼,烟花三月下扬州。

孤帆远影碧空尽,唯见长江天际流。

【注　释】

① 选自《唐诗三百首全解》(复旦大学出版社 2006 年版)第 291 页。

黄鹤楼:中国著名的名胜古迹,故址在今湖北武汉市武昌蛇山的黄鹄矶上,属于长江下游地带,传说三国时期的费祎于此登仙乘黄鹤而去,故称黄鹤楼。原楼已毁,现存楼为 1985 年修葺而成。

之:去、到。

广陵:即扬州。

【赏　析】

"故人西辞黄鹤楼,烟花三月下扬州",点明了当时的送别之人、送别之所、送别之时以及送往之地。黄鹤楼自三国孙吴黄武年间建成后,就是传说中仙人飞往天空的地方,曾为无数诗人雅客所向往和流连。漫游湖北多年的李白和他的诗友孟浩然也绝不会错过良机,他们也许多次登楼远眺,共同饱览祖国的大好河山,饮酒赋诗,抒发各自的情怀。在这风和日丽、鸟语花香的阳春三月,孟浩然就要离开这里,一个人东下扬州去了! 在这临别之际,两人又一次登上黄鹤楼,开篇的两句就把送别的气氛涂抹得尤为浓郁。

9　梦游天姥吟留别①

李　白

海客谈瀛洲②,烟涛微茫信③难求,

越人语天姥,云霞明灭或可睹。

天姥连天向天横,势拔五岳④掩赤城。

天台四万八千丈,对此欲倒东南倾。

我欲因之梦吴越,一夜飞度镜湖⑤月。

湖月照我影,送我至剡溪⑥。

谢公⑦宿处今尚在,渌⑧水荡漾清⑨猿啼。

脚著谢公屐,身登青云梯。⑩

半壁见海日,空中闻天鸡⑪。

千岩万转路不定,迷花倚石忽已暝。

熊咆龙吟殷岩泉⑫,栗深林兮惊层巅。

云青青兮欲雨,水澹澹兮生烟。⑬

列缺⑭霹雳,丘峦崩摧。

洞天石扉,訇然中开。⑮

青冥浩荡不见底,日月照耀金银台⑯。

霓为衣兮风为马,云之君兮纷纷而来下。

虎鼓瑟兮鸾回车,仙之人兮列如麻。

忽魂悸以魄动,恍惊起而长嗟。

惟觉时之枕席,失向来之烟霞。

世间行乐亦如此,古来万事东流水。

别君去兮何时还?且放白鹿⑰青崖间。

须行即骑访名山。

安能摧眉折腰事权贵,使我不得开心颜!

【注　释】

① 选自《唐诗三百首》(中华书局出版社 2009 年版)第 67 页。天姥:天姥山,传说登山的人能听到仙人天姥唱歌的声音,山因此得名。

② 瀛洲:古代传说中的东海三座仙山之一(另两座叫蓬莱和方丈)。

③ 信:确实,实在。

④ 五岳:指东岳泰山、西岳华(huà)山、中岳嵩山、北岳恒山、南岳衡山。

⑤ 镜湖:又名鉴湖,在浙江绍兴南面。

⑥ 剡(shàn)溪:水名,在浙江嵊(shèng)州南面。

⑦ 谢公:指南朝诗人谢灵运。谢灵运喜欢游山。游天姥山时,他曾在剡溪这个地方住宿。

⑧ 渌(lù):清。

⑨ 清:这里是凄清的意思。

⑩ 谢公屐(jī):谢灵运穿的木屐。青云梯:指直上云霄的山路。

⑪ 天鸡：古代传说中，东南有桃都山，山上有棵大树叫桃都，树枝绵延三千里，树上栖有天鸡，每当太阳初升，照到这棵树上，天鸡就叫起来，天下的鸡也都跟着它叫。

⑫ 殷岩泉：即"岩泉殷"。殷(yǐn)：这里作动词用，震响。

⑬ 青青：黑沉沉的。澹澹：波浪起伏的样子。

⑭ 列缺：指闪电。

⑮ 洞天石扉，訇(hōng)然中开：仙府的石门，訇的一声从中间打开。

⑯ 金银台：金银铸成的宫阙，指神仙居住的地方。

⑰ 白鹿：传说中神仙或隐士多骑白鹿。

【赏　析】

　　这是一首记梦诗，也是一首游仙诗。此诗以记梦为由，抒写了对光明、自由的渴求，对黑暗现实的不满，表现了蔑视权贵、不卑不屈的叛逆精神。诗人运用丰富奇特的想象和大胆夸张的手法，组成一幅亦虚亦实、亦幻亦真的梦游图。全诗构思精密，意境雄伟，内容丰富曲折，形象辉煌流丽，感慨深沉激烈，富有浪漫主义色彩。其在形式上杂言相间，兼用骚体，不受律束，笔随兴至，体制解放，堪称绝世名作。

　　此诗的内容丰富、曲折、奇谲、多变，它的形象辉煌流丽，缤纷多彩，构成了全诗的浪漫主义华赡情调。它的主观意图本来在于宣扬"古来万事东流水"这样颇有消极意味的思想，可是它的格调却是昂扬振奋的，潇洒出尘的，有一种不卑不屈的气概流贯其间，并无消沉之感。

10　琵琶行①

白居易

浔阳江②头夜送客,枫叶荻花秋瑟瑟。

主人下马客在船,举酒欲饮无管弦。

醉不成欢惨将别,别时茫茫江浸月。

忽闻水上琵琶声,主人忘归客不发。

寻声暗问弹者谁,琵琶声停欲语迟。

移船相近邀相见,添酒回灯重开宴。

千呼万唤始出来,犹抱琵琶半遮面。

转轴拨弦三两声,未成曲调先有情。

弦弦掩抑声声思,似诉平生不得志。

低眉信手续续弹,说尽心中无限事。

轻拢③慢捻④抹⑤复挑⑥,初为《霓裳》⑦后《六幺》。

大弦嘈嘈如急雨,小弦切切如私语。

嘈嘈切切⑧错杂弹,大珠小珠落玉盘。

间关⑨莺语花底滑,幽咽泉流冰下难⑩。

冰泉冷涩弦凝绝,凝绝不通声暂歇。

别有幽愁暗恨生，此时无声胜有声。

银瓶乍破水浆迸⑪，铁骑突出刀枪鸣。

曲终收拨⑫当心画⑬，四弦一声如裂帛。

东船西舫悄无言，唯见江心秋月白。

沉吟放拨插弦中，整顿衣裳起敛容。

自言本是京城女，家在虾蟆陵⑭下住。

十三学得琵琶成，名属教坊第一部。

曲罢曾教善才⑮服，妆成每被秋娘⑯妒。

五陵⑰年少争缠头⑱，一曲红绡不知数。

钿头银篦⑲击节碎，血色罗裙翻酒污。

今年欢笑复明年，秋月春风等闲度。

弟走从军阿姨死，暮去朝来颜色故。

门前冷落鞍马稀，老大嫁作商人妇。

商人重利轻别离，前月浮梁⑳买茶去。

去来江口守空船，绕船月明江水寒。

夜深忽梦少年事，梦啼妆泪红阑干。

我闻琵琶已叹息，又闻此语重唧唧。

同是天涯沦落人，相逢何必曾相识！

我从去年辞帝京,谪居卧病浔阳城。

浔阳地僻无音乐,终岁不闻丝竹声。

住近湓江地低湿,黄芦苦竹绕宅生。

其间旦暮闻何物?杜鹃啼血猿哀鸣。

春江花朝秋月夜,往往取酒还独倾。

岂无山歌与村笛?呕哑嘲哳难为听。

今夜闻君琵琶语,如听仙乐耳暂明。

莫辞更坐弹一曲,为君翻作《琵琶行》。

感我此言良久立,却坐促弦弦转急。

凄凄不似向前声,满座重闻皆掩泣。

座中泣下谁最多?江州司马青衫㉑湿。

【注　释】

　　① 选自《唐诗三百首全解》(复旦大学出版社 2006 年版)第 94 页。

　　② 浔阳江:据考究,为流经浔阳城中的湓水,即今九江市中的龙开河(97 年被人工填埋),经湓浦口注入长江。

　　③ 拢:左手手指按弦向里(琵琶的中部)推。

　　④ 捻:揉弦的动作。

　　⑤ 抹:向左拨弦,也称为"弹"。

　　⑥ 挑:反手回拨的动作。

⑦《霓裳》:即《霓裳羽衣曲》。

⑧ 嘈嘈:声音沉重抑扬。切切:细促轻幽,急切细碎。

⑨ 间关:莺语流滑叫"间关",鸟鸣声。

⑩ 冰下难:泉流冰下阻塞难通,形容乐声由流畅变为冷涩。

⑪ 迸:溅射。

⑫ 拨:弹奏弦乐时所用的拨工具。

⑬ 当心画:是一曲结束时经常用到的右手手法。

⑭ 虾(há)蟆陵:在长安城东南,曲江附近,是当时有名的游乐地区。

⑮ 善才:专业的琵琶演奏者,一般为男性。

⑯ 秋娘:唐时歌舞伎常用的名字。

⑰ 五陵:在汉高祖长陵、惠帝安陵、景帝阳陵、武帝茂陵、昭帝平陵附近设置的五个陵邑。所居皆是豪强富户。

⑱ 缠头:将锦帛之类的财物送给歌舞伎。

⑲ 钿(diàn)头银篦(bì):此指镶嵌着花钿的篦形发饰。

⑳ 浮梁:古县名,唐属饶州,在今江西省景德。

㉑ 青衫:唐朝八品、九品文官的服色。白居易当时的官阶是将侍郎,从九品,所以着青衫。

【赏 析】

通过写琵琶女生活的不幸,结合诗人自己在宦途所受到的打击,唱出了"同是天涯沦落人,相逢何必曾相识"的心声。社会的动荡,世态的炎凉,对不幸者命运的同情,对自身失意的感慨,这些本来积蓄在心中的沉痛感受,都一起倾于诗中。它在艺术上的成功还在于运用了优美鲜明的、有音乐感的语言,用视觉的形象来表现听觉所得来的感受;萧瑟秋风的自然景色和离情别绪,使作品更加感人。

【知识链接】

白居易(772年—846年),字乐天,号香山居士,又号醉吟先生,祖籍山西太原,到其曾祖父时迁居下邽,生于河南新郑。白居易是唐代伟大的现实主义诗人,唐代三大诗人之一。白居易与元稹共同倡导新乐府运动,世称"元白",与刘禹锡并称"刘白"。

白居易的诗歌题材广泛,形式多样,语言平易通俗,有"诗魔"和"诗王"之称。官至太子少傅、刑部尚书,封冯翊县侯。公元846年,白居易在洛阳逝世,葬于香山。有《白氏长庆集》传世,代表诗作有《长恨歌》《卖炭翁》《琵琶行》等。

11 送元二使安西

王 维

渭城朝雨浥轻尘,客舍青青柳色新。

劝君更尽一杯酒,西出阳关无故人。

【赏 析】

  诗人剪裁下这临行送别时的一瞬,使其成为了永恒。此诗前两句写送别的时间、地点、环境气氛——清晨、细雨、客舍、不见尽头的驿道,苍翠挺拔的柳树,这一切,都是极为寻常的场景,读来却美如画卷,抒情气氛浓郁。在这般景物的映衬之下,老友即将远行,经此一别,不知何日才能再见,千言万语无从说起,能说出口的只有一句:喝下这杯离别的酒吧!依依惜别之情、所有的关怀与祝福早已融进了这一杯酒中。全诗以洗尽雕饰、明朗自然的语言抒发别情,写得情景交融,韵味深永,具有很强的艺术感染力,落成之后便被人披以管弦,殷勤传唱,并成为流传千古的名曲。

【知识链接】

  王维(693或694或701年—761年),字摩诘,号摩诘居士。河东蒲州(今山西永济)人,祖籍山西祁县。唐朝诗人、画家。唐玄宗开元初年中进士第,唐肃宗乾元年间任尚书右丞,世称"王右丞"。

  王维参禅悟理,精通诗书音画,以诗名盛于开元、天宝年间,尤长五言,多咏山水田园,与孟浩然合称"王孟",因笃诚奉佛,有"诗佛"之称。书画特臻其妙,后人推其为南宗山水画之祖。著有《王右丞集》《画学秘诀》,存诗约400首。苏轼评云:"味摩诘之诗,诗中有画;观摩诘之画,画中有诗。"

12　九月九日忆山东兄弟

王　维

独在异乡为异客,每逢佳节倍思亲。

遥知兄弟登高处,遍插茱萸少一人。

【赏　析】

　　这是诗人十七岁时在长安所作。诗人的家乡蒲州(今山西永济)在华山之东,所以题为"忆山东兄弟"。古人以九为阳数,九月九日也就是重阳节。写节日的诗,最忌落入俗套,这首诗高明就高明在避开俗套,把握住真性情。

　　首句的两个"异"字,看似脱口而出,却别有滋味地渲染出在异乡作客的生疏不适,流露出无限的孤独之感。从"每逢"二字可以看出,诗人的孤独感不是在这个节日才有,在以前的诸多节日已有过,所以这种孤独之感是加倍的。于今尤甚的情形下,诗人把凝聚在内心深处的佳节思亲情结一吐为快——"每逢佳节倍思亲",情感真挚而浓烈。

　　后两句本为诗人思念兄弟所感,却以"遥知"二字翻转一面,发挥想象,写兄弟为少诗人一人而遗憾不已。而诗人把我思人的情绪,折射为人思我的幻觉,挑选出重阳节的两个重要习俗——登高和茱萸插头,展示一个颇有情趣的兄弟共乐的场面,从而把"共乐而缺一"的人生缺陷感写得令人心颤而余味无穷。

13　辋川闲居赠裴秀才迪①

王　维

寒山转苍翠②，秋水日潺湲③。

倚杖柴门外，临风听暮蝉。

渡头余落日，墟里上孤烟。

复值④接舆⑤醉，狂歌五柳⑥前。

【注　释】

①选自《唐诗三百首新注》(上海古籍出版社1993年版)第194页。辋川：水名，在今陕西省蓝田县南终南山下。山麓有宋之问的别墅，后归王维。王维在那里住了30多年，直至晚年。裴迪：诗人，王维的好友，与王维唱和较多。

②转苍翠：一作"积苍翠"。转：转为，变为。苍翠：青绿色，苍为灰白色，翠为墨绿色。

③潺湲：水流声。这里指水流缓慢的样子，当作"缓慢地流淌"解。

④值：遇到。

⑤接舆：陆通先生的字。接舆是春秋时楚国人，好养性，假装疯狂，不出去做官。在这里以接舆比裴迪。

⑥五柳：陶渊明。这里诗人以"五柳先生"自比。这两句诗的意思是说，又碰到狂放的裴迪喝醉了酒，在我面前唱歌。

【赏　析】

此诗以辋川秋景为描绘对象，着力展现出一幅生动的秋景图。寒山苍翠依旧，秋水潺潺流淌,渡口的夕阳洒下余晖,墟里的炊烟袅袅升起。诗中的一联和三联,描绘了深秋的原野和渡口的静谧,展现出一片和谐而又生机勃勃的田园风光。而二联和四联,则转向诗人与裴迪的闲居之乐。倚着柴门,听风赏蝉,诗人安逸的神态和超然物外的情致跃然纸上;醉酒狂歌,裴迪的狂士风度得以充分展现。整体而言,此诗物我一体,情景交融,犹如一幅诗中有画,画中有诗的优美画卷。

裴迪是王维的好友,两人同隐终南山,常常在辋川上"浮舟往来,弹琴赋诗,啸咏终日"(《旧唐书·王维传》)。此诗就是他们的彼此酬赠之作。

14 山 中

王 勃

长江悲已滞,万里念将归。

况属高风晚,山山黄叶飞。

【赏 析】

  从字面上看"况属高风晚,山山黄叶飞"这两句单纯是在写景,但其实是通过写景,表达自己内心因思乡而凄楚的心情。诗人在山中望见了秋风萧瑟、黄叶飘零之景,这些既是实际的景物描写,同时也表现了诗人内心的萧瑟、凄凉。正因为诗人长期漂泊在外,所以内心因为思念家乡而分外悲凉,诗人又看到了秋天万物衰落的秋景,这就更增添了他思乡的愁绪。此二句没有一个直接表现感情的字眼,但渗透了诗人浓厚的感情。就整首诗来说,这两句所写之景对前两句所写之情起映衬作用,而又有以景喻情的成分。

  从通篇的艺术构思来看,诗人采用了"兴法起结"的艺术手法。一下笔便借景兴情,结尾处又以景结情,把所要抒写的思想感情融入一个生动、开阔的画面中,让读者从画中品味。这样,便收到了语虽尽而思绪无穷的艺术效果。该诗首尾三句写景,第二句抒情叙事,采取景情景的结构。由于情在诗结尾处藏于景中,所以《山中》的意境含蓄而耐人寻味。

【知识链接】

  王勃(650年—676年或684年),唐代诗人,字子安,绛州龙门(今山西河津)人。麟德初应举及第,曾任虢州参军。后往海南探父,因溺水受惊而死。少时即显露才华,与杨炯、卢照邻、骆宾王以文辞齐名,并称"初唐四杰",其中王勃是"初唐四杰"之首。他和卢照邻等皆企图改变当时"争构纤微,竞为雕刻"的诗风。其诗偏于描写个人生活,也有少数抒发政治感慨、隐喻对豪门世族的不满之作,风格较为清新,但有些诗篇流于华艳。其文《滕王阁序》颇有名。原有集,已散佚,明人辑有《王子安集》。

15 送杜少府之任蜀州

王 勃

城阙辅三秦,风烟望五津。

与君离别意,同是宦游人。

海内存知己,天涯若比邻。

无为在歧路,儿女共沾巾。

【赏 析】

此诗是送别诗的名作,诗意慰勉勿在离别之时悲哀。全诗开合顿挫,气脉流通,意境旷达,一扫送别诗中的悲凉凄怆之气和悲苦缠绵之态,音调明快爽朗,语言清新高远,内容独树碑石,体现出诗人高远的志向、豁达的情趣和旷达的胸怀。

首联描画出送别地与友人将要前往之地的形势和风貌,隐含送别的情意,严整对仗;颔联为宽慰之辞,点明离别的必然性,以散调相承,以实转虚,文情跌宕;颈联奇峰突起,高度地概括了"友情深厚,江山难阻"的情景,使友情升华到一种更高的美学境界;尾联点出"送"的主题,而且继续劝勉、叮咛朋友,也是自己情怀的吐露。尤其是诗中的第五、六两句更使友情升华到一种更高的美学境界。

16　水调歌头·明月几时有

苏　轼

明月几时有？把酒问青天。不知天上宫阙,今夕是何年。我欲乘风归去,又恐琼楼玉宇,高处不胜寒。起舞弄清影,何似在人间。

转朱阁,低绮户,照无眠。不应有恨,何事长向别时圆？人有悲欢离合,月有阴晴圆缺,此事古难全。但愿人长久,千里共婵娟。

【赏　析】

在大自然的景物中,月亮是很有浪漫色彩的,很容易引发人们的无限遐想。一钩新月,可联想到初生的萌芽事物;一轮满月,可联想到美好的团圆生活;月亮的皎洁,让人联想到光明磊落的人格。在月亮这一意象上集中了人类无限美好的憧憬和理想。词中充分体现了作者对永恒的宇宙和复杂多变的人类社会两者的综合理解与认识,是作者通过对月和对人的观察对自己的世界观所作的一个以局部足以概括整体的小小总结。作者俯仰古今变迁,感慨宇宙流转,厌薄宦海浮沉,在皓月当空、孤高旷远的意境氛围中,渗入浓厚的哲学意味,揭示睿智的人生理念,达到了人与宇宙、自然与社会的高度契合。

【知识链接】

苏轼(1037年—1101年),字子瞻,一字和仲,号铁冠道人、东坡居士,世称苏东坡、苏仙、坡仙、汉族,眉州眉山(今四川省眉山市)人,祖籍河北栾城,北宋文学家、书法家、美食家、画家,是历史上的治水名人。嘉祐二年(1057年),苏轼进士及第。宋高宗时追赠太师;宋孝宗时追谥"文忠"。

他是北宋中期文坛领袖,在诗、词、散文、书、画等方面取得很高成就。文纵横恣肆,诗题材广阔,清新豪健,善用夸张比喻,独具风格,与黄庭坚并称"苏黄";词开豪放一派,与辛弃疾同是豪放派代表,并称"苏辛";散文著述宏富,收放自如,与欧阳修并称"欧苏",为"唐宋八大家"之一。苏轼善书法,与黄庭坚、米芾和蔡襄合称"宋四家"。李志敏评价:"苏轼是全才式的艺术巨匠。"代表作有《东坡七集》《东坡易传》《东坡乐府》《潇湘竹石图》《枯木怪石图》等。

水调歌头:词牌名,又名"元会曲""台城游""凯歌""江南好""花犯念奴"等。相传隋炀帝开汴河自制《水调歌》,唐人演为大曲,"歌头"就是大曲中的开头部分。

17　江城子·乙卯正月二十日夜记梦①

苏　轼

十年生死两茫茫,不思量②,自难忘。千里③孤坟,无处话凄凉。纵使相逢应不识,尘满面,鬓如霜。④

夜来幽梦⑤忽还乡,小轩窗,正梳妆。相顾无言,惟有泪千行。料得⑥年年肠断处,明月夜,短松冈。⑦

【注　释】

① 选自《东坡乐府笺》(人民文学出版社2018年版)第74页。江城子:词牌名,又名"村意远""江神子""水晶帘"。乙卯:公元1075年,即北宋熙宁八年。

② 思量:思念,想念。

③ 千里:王弗葬地四川眉山与苏轼任所山东密州,相隔遥远,故称"千里"。

④ 尘满面,鬓如霜:形容饱经沧桑,面容憔悴。

⑤ 幽梦:梦境隐约,故云幽梦。

⑥ 料得:料想,想来。

⑦ 明月夜,短松冈:苏轼葬妻之地。短松:矮松。

【赏　析】

中国文学史上,从《诗经》开始,就已经出现"悼亡诗",而用词写悼亡,是苏轼的首创。苏轼的这首悼亡之作与前人相比,它的表现艺术另具特色。这首词是"记梦",而且明确写了做梦的日子。但虽说是"记梦",其实只是下片中有五句是在记梦境,其他都是在抒胸臆。

上阕写词人对亡妻的深沉的思念,写实;下阕记述梦境,抒写了词人对亡妻执着不舍的深情,写虚。全词采用白描手法,出语如话家常,却字字发自肺腑,自然而又深刻,平淡中寄寓着真淳,思致委婉,境界层出,为脍炙人口的名作。

18　雨霖铃·寒蝉凄切

柳　永

寒蝉凄切,对长亭晚,骤雨初歇。都门帐饮无绪,留恋处,兰舟催发。执手相看泪眼,竟无语凝噎。念去去,千里烟波,暮霭沉沉楚天阔。

多情自古伤离别,更那堪,冷落清秋节！今宵酒醒何处？杨柳岸,晓风残月。此去经年,应是良辰好景虚设。便纵有千种风情,更与何人说？

【赏　析】

本篇为词人柳永离开汴京南下时与恋人惜别之作。词中以种种凄凉、冷落的秋天景象衬托和渲染离情别绪,描绘出一幅秋江别离图。作者仕途失意,不得不离开京都远行,不得不与心爱的人分手,这双重的痛苦交织在一起,使他感到格外难受。

【知识链接】

柳永(约984年—约1053年),北宋著名词人,婉约派代表人物,汉族,崇安(今福建武夷山)人,原名三变,字景庄,后改名永,字耆卿,排行第七,又称柳七。宋仁宗朝进士,官至屯田员外郎,故世称柳屯田。他自称"奉旨填词柳三变",以毕生精力作词,并以"白衣卿相"自诩。其词多描绘城市风光和歌伎生活,尤长于抒写羁旅行役之情,创作慢词居多。铺叙刻画,情景交融,语言通俗,音律谐婉,在当时流传极其广泛,人称"凡有井水饮处,皆能歌柳词",婉约派最具代表性的人物之一,对宋词的发展有重大影响,代表作有《雨霖铃》《八声甘州》等。

史载,柳永作新乐府,为时人传诵;仁宗洞晓音律,早年亦颇好其词。但柳永好作艳词,仁宗即位后留意儒雅,对此颇为不满。及进士放榜时,仁宗就引用柳永词"忍把浮名,换了浅斟低唱"(《鹤冲天·黄金榜上》)说:"既然想要'浅斟低唱',何必在意虚名?"遂刻意画去柳永之名。柳永遂出入娼馆酒楼,自号"奉旨填词柳三变"。

雨霖铃,词牌名,又名"雨淋铃""雨淋铃慢",原为唐教坊曲名。以柳永《雨霖铃·寒蝉凄切》为正体,双调一百零三字,前段十句五仄韵,后段九句五仄韵。另有双调一百零三字,前后段各九句、五仄韵;双调一百零三字,前后段各九句、五仄韵变体。代表作品有晁端礼《雨霖铃·槐阴添绿》等。

19　凤栖梧·伫倚危楼风细细

柳　永

伫倚危楼风细细,望极春愁,黯黯生天际。草色烟光残照里,无言谁会凭阑意。

拟把疏狂图一醉,对酒当歌,强乐还无味。衣带渐宽终不悔,为伊消得人憔悴。

【赏　析】

　　名句"衣带渐宽终不悔,为伊消得人憔悴":我日渐消瘦下去却始终不感到懊悔,宁愿为她消瘦得精神萎靡、神色憔悴。为什么这种"春愁"如此令人执着呢?至此,作者才透露出这是一种坚贞不渝的感情。他的满怀愁绪之所以挥之不去,正是因为他不仅不想摆脱这"春愁"的纠缠,甚至还"衣带渐宽终不悔",心甘情愿地被"春愁"所折磨,即使形容渐渐憔悴、瘦骨伶仃,也是值得的,也绝不后悔。短短两句,表现了主人公坚毅的性格与执着的态度,成功地刻画了一个志诚男子的形象。

20　蝶恋花·槛菊愁烟兰泣露①

晏　殊

槛②菊愁烟兰泣露③,罗幕④轻寒,燕子双飞去。明月不谙离恨苦,斜光到晓穿朱户。

昨夜西风凋碧树,独上高楼,望尽天涯路。欲寄彩笺⑤兼尺素⑥,山长水阔知何处?

【注　释】

① 选自《宋词三百首鉴赏辞典》(上海辞书出版社 2006 年版)第 58 页。蝶恋花:又名"凤栖梧""鹊踏枝"等,唐教坊曲,后用为词牌。双调,六十字,上下片各四仄韵。

② 槛(jiàn):古建筑常于轩斋四面房基之上围以木栏,上承屋角,下临阶砌,谓之槛。

③ 泣露:在露中饮泣。

④ 罗幕:丝罗所制的帷幕,富贵人家所用。

⑤ 彩笺:彩色的信笺,供题诗写信所用。

⑥ 尺素:书信的代称。古人写信用素绢,通常长约一尺,故称尺素。

【赏　析】

此词写深秋怀人,是宋词的名篇之一,也是晏殊的代表作之一。上片描写苑中景物,运用移情于景的手法,注入主人公的感情,点出离恨;下片承离恨而来,通过高楼独望生动地表现出主人公望眼欲穿的神态,蕴含着愁苦之情。全词情致深婉而又寥阔高远,深婉中见含蓄,广远中有蕴涵,很好地表达了离愁别恨的主题。

【知识链接】

晏殊(991年—1055年),字同叔,著名词人、诗人、散文家,北宋抚州府临川城人(今江西进贤县文港镇沙河人,位于香楠峰下,其父为抚州府手力节级),是当时的第一个抚州籍宰相。晏殊与其第七子晏几道(1037年—1110年),在当时的北宋词坛,被称为"大晏"和"小晏"。

21 回乡偶书

贺知章

其一

少小离家老大回,乡音无改鬓毛衰。

儿童相见不相识,笑问客从何处来。

其二

离别家乡岁月多,近来人事半消磨。

惟有门前镜湖水,春风不改旧时波。

【赏 析】

《回乡偶书 其一》是一首久客异乡、缅怀故里的感怀诗。写于初来乍到之时,抒写久客伤老之情。就全诗来看,一、二句尚属平平,三、四句却似峰回路转,别有境界。后两句的妙处在于背面敷粉,了无痕迹:虽写哀情,却借欢乐场面表现;虽为写己,却从儿童一面翻出。而所写儿童问话的场面又极富于生活的情趣,即使读者不为诗人久客伤老之情所感染,也不能不被这一饶有趣味的生活场景所打动。

陆游说过:"文章本天成,妙手偶得之。"《回乡偶书》之成功,归根结底在于诗作展现的是一片化境。诗的感情自然、逼真,语言声韵仿佛自肺腑自然流出,朴实无华,毫不雕琢,读者在不知不觉之中被引入了诗的意境。像这样源于生活、发于心底的好诗,是十分难得的。

【知识链接】

贺知章(约659年—约744年),字季真,晚年自号"四明狂客""秘书外监",越州永兴(今浙江省杭州市萧山区)人。唐代诗人、书法家。与张若虚、张旭、包融并称"吴中四士";与李白、李适之等谓"饮中八仙";又与陈子昂、卢藏用、宋之问、王适、毕构、李白、孟浩然、王维、司马承祯等并称"仙宗十友"。其诗文以绝句见长,除祭神乐章、应制诗外,其写景、抒怀之作风格独特,清新潇洒,其中《咏柳》《回乡偶书》等脍炙人口,千古传诵。作品大多散佚,《全唐诗》录其诗19首。

22 钗头凤·红酥手①

陆 游

红酥手,黄縢②酒,满城春色宫墙③柳。东风④恶,欢情薄。一怀愁绪,几年离索⑤。错、错、错。

春如旧,人空瘦,泪痕红浥⑥鲛绡⑦透。桃花落,闲池阁⑧。山盟虽在,锦书难托。莫、莫、莫!

【注 释】

① 选自《陆游诗词》(人民文学出版社2017年版)第337页。钗头凤:词牌名。原名"撷芳词",相传取自北宋政和间宫苑撷芳园之名。

② 黄縢(téng):酒名。或作"黄藤"。宋代官酒以黄纸为封,故以黄封代指美酒。

③ 宫墙:南宋以绍兴为陪都,故有宫墙一说。

④ 东风:喻指陆游的母亲。

⑤ 离索:离群索居的简括。

⑥ 浥(yì):湿润。

⑦ 鲛绡(jiāoxiāo):神话传说鲛人所织的绡,极薄,后用以泛指薄纱,这里指手帕。绡:生丝,生丝织物。

⑧ 池阁:池上的楼阁。

【赏 析】

陆游与夫人结婚以后伉俪相得、琴瑟甚和,是一对情投意合的恩爱夫妻。后被迫分离,七年以后的一个春日,陆游在家乡山阴(今浙江省绍兴市)城南禹迹寺附近的沈园,与偕夫同游的唐氏邂逅。唐氏安排酒肴,聊表对陆游的抚慰之情。陆游见人感事,心中感触很深,遂乘醉吟赋这首词,信笔题于园壁之上。全词表达了他们的眷恋之深和相思之切,抒发了作者怨恨愁苦而又难以言状的凄楚痴情,是一首别开生面、催人泪下的作品。词内容情感真挚,多用对比,节奏急促,声韵凄紧。

【知识链接】

陆游(1125 年—1210 年),字务观,号放翁,汉族,越州山阴(今浙江绍兴)人,尚书右丞陆佃之孙,南宋文学家、史学家、爱国诗人。陆游生逢北宋灭亡之际,少年时即于家中深受爱国思想的熏陶。宋高宗时,参加礼部考试,因受宰臣秦桧排斥而仕途不畅。孝宗时赐进士出身。中年入蜀,投身军旅生活。嘉泰二年(1202 年),宋宁宗诏陆游入京,主持编修孝宗、光宗《两朝实录》和《三朝史》,官至宝章阁待制。晚年退居家乡。创作诗歌今存九千多首,内容极为丰富。著有《剑南诗稿》《渭南文集》《南唐书》《老学庵笔记》等。

23　七步诗

曹　植

煮豆持作羹,漉菽以为汁。

萁在釜下燃,豆在釜中泣。

本自同根生,相煎何太急?

【赏　析】

曹植才华出众，禀赋异常，文采过人，而最能表现其才华的例子就是这首《七步诗》。用同根而生的萁和豆来比喻同父共母的兄弟，用萁煎其豆来比喻同胞骨肉的哥哥残害弟弟，以比兴手法出之，深入浅出地反映了封建统治集团内部的残酷的政治斗争，是曹植在控诉曹丕对手足同胞的残忍迫害，表达了他对曹丕的强烈不满和沉郁愤激的思想感情。全诗语言浅显，寓意明畅，用喻贴切，形象感人。

【知识链接】

曹植（192年—232年），字子建，沛国谯（今安徽省亳州市）人。三国曹魏著名文学家，建安文学代表人物。魏武帝曹操之子，魏文帝曹丕之弟，生前曾为陈王，去世后谥号"思"，因此又称陈思王。后人因他文学上的造诣而将他与曹操、曹丕合称为"三曹"，南朝宋文学家谢灵运更有"天下才有一石，曹子建独占八斗"的评价。王士祯尝论汉魏以来两千年间诗家堪称"仙才"者，曹植、李白、苏轼三人耳。建安七子，是汉建安年间（196年—220年）七位文学家的合称，包括孔融、陈琳、王粲、徐干、阮瑀、应场、刘桢。这七人大体上代表了建安时期除曹氏父子（即曹操、曹丕、曹植）外的优秀作者，所以"七子"之说，得到后世的普遍承认。

24　陈情表①

李　密

　　臣密言：臣以险衅，②夙遭闵凶。生孩六月，慈父见背③；行年四岁，舅夺母志。祖母刘愍臣孤弱，躬亲抚养。臣少多疾病，九岁不行，零丁孤苦，至于成立。既无伯叔，终鲜兄弟，门衰祚薄，④晚有儿息⑤。外无期功⑥强近之亲，内无应门五尺之僮，茕茕孑立，形影相吊。而刘夙婴⑦疾病，常在床蓐，臣侍汤药，未曾废离。

　　逮奉圣朝，沐浴清化。前太守臣逵察臣孝廉⑧；后刺史臣荣举臣秀才。臣以供养无主，辞不赴命。诏书特下，拜臣郎中，寻蒙国恩，除臣洗马。猥⑨以微贱，当侍东宫，非臣陨首所能上报。臣具以表闻，辞不就职。诏书切峻，责臣逋慢；郡县逼迫，催臣上道；州司临门，急于星火。臣欲奉诏奔驰，则刘病日笃⑩，欲苟顺私情，则告诉不许：臣之进退，实为狼狈。

　　伏惟⑪圣朝以孝治天下，凡在故老，犹蒙矜育，况臣孤苦，特为尤甚。且臣少仕伪朝，历职郎署，本图宦达，不矜名节。今臣亡国贱俘，至微至陋，过蒙拔擢，宠命优渥，岂敢盘桓⑫，有所希冀。但以刘日薄西山，气息奄奄，人命危浅，朝不虑夕。臣无祖母，无以至今日，祖母无臣，无以终余年。母、孙二人，更相为命，是以区区不能废远。

臣密今年四十有四,祖母今年九十有六,是臣尽节于陛下之日长,报养刘之日短也。乌鸟私情,⑬愿乞终养。臣之辛苦,非独蜀之人士及二州牧伯所见明知,皇天后土实所共鉴。愿陛下矜愍愚诚,听臣微志,庶刘侥幸,保卒余年。臣生当陨首,死当结草。臣不胜犬马怖惧之情⑭,谨拜表以闻。

【注 释】

① 选自《古文观止》(京华出版社 2002 年版)第 409 页。表:是一种文体,是古代奏章的一种,是臣下对君王指陈时事、直言规劝使之改正错误的文体。

② 以:因。险衅(xiǎn xìn):凶险祸患(这里指命运不好)。

③ 见背:父母或长辈去世。

④ 门衰祚薄:家门衰微,福分浅薄。祚(zuò):福分。

⑤ 儿息:子嗣。息:亲生子女。又如:息子(亲生儿子);息女(亲生女儿);息男(亲生儿子)。

⑥ 期功:古代丧服的名称。期:服丧一年。功:按关系亲疏分大功和小功,大功服丧九月,小功服丧五月。亦用以指五服之内的宗亲。

⑦ 婴:缠绕,这里指疾病缠身。

⑧ 孝廉:汉代以来选拔人才的一种察举科目,即每年由地方官考察当地的人物,向朝廷推荐孝顺父母、品行廉洁的人来做官。

⑨ 猥:自谦之词,犹"鄙"。

⑩ 笃:病重,沉重。

⑪ 伏惟:俯状思量。古时下级对上级表示恭敬的词语,奏疏和书信里常用。

⑫ 盘桓:犹疑不决的样子,指拖延不就职。

⑬ 乌鸟私情:乌鸦反哺之情,比喻人的孝心。

⑭ 犬马怖惧之情:这是臣子表示谦卑的话,用犬马自比。

【翻　译】

　　臣李密陈言：我因命途坎坷，很小的时候就遭遇到了不幸，刚出生六个月，父亲就不幸去世。我四岁的时候，舅父就强迫我母亲改了嫁。我的祖母刘氏，怜悯我年幼丧父又体弱多病，便亲自抚养。臣小的时候经常生病，九岁时都还不能走路。孤独无靠，一直到我成家立业。既没有叔叔伯伯，也没有兄弟姐妹，门庭衰微、福分浅薄，很晚才有儿子。在外面没有比较亲近的亲戚，在家里又没有照应门户的童仆，一直都是孤孤单单地生活，只有自己的身体和影子相互安慰。而祖母刘氏很早就疾病缠身，常年卧床不起，我侍奉她吃饭喝药，从来就没有离开过她。

　　到了晋朝建立，我蒙受着清明的政治教化。先有名叫逵的太守察举臣为孝廉，后又有名叫荣的刺史推举臣为优秀人才。臣因为供奉赡养祖母的事无人承担，辞谢不接受任命。朝廷又特地下了诏书，任命我为郎中，不久又蒙受皇恩，任命我为洗马。我凭借卑微低贱的身份，担当侍奉太子的职务，这实在不是我杀身捐躯所能报答朝廷的。我将以上苦衷上表报告，加以推辞不去就职。但是诏书急切严峻，责备我怠慢不敬。郡县长官催促我立刻上路；州县的长官登门督促，十万火急，刻不容缓。我很想遵从皇上旨意为国家奔走效劳，但祖母刘氏的病却一天比一天重；想要姑且顺从自己的私情，但被告知申诉不被允许。我是进退维谷，处境狼狈。

　　我想晋朝是用孝道来治理天下的，凡是年老而德高的旧臣，尚且还受到怜悯养育，况且我孤单凄苦的程度更为严重呢。况且我年轻的时候曾经做过蜀汉的官，历任郎中和尚书郎，本来图的就是仕途通达，无意以名誉节操来炫耀。现在我是一个低贱的亡国俘虏，十分卑微，不值一提，受到过分提拔，恩宠优厚，怎敢犹豫不决而有非分的企求呢？只因为祖母刘氏已是西山落日的样子，气息微弱，生命垂危，朝不保夕。我如果没有祖母，无法达到今天的地位；祖母如果没有我的照料，也无法度过她的余生。祖孙二人，互相依靠而维持生命，我实在不忍离开祖母身边。

　　我今年已经四十四岁了，祖母现在的年龄是九十六岁，这样看来我在陛下面前尽忠尽节的日子还很长，而在祖母刘氏面前尽孝尽心的日子很短。我怀着乌鸦反哺的私情，乞求能够准许我完成为祖母养老送终的心愿。我的辛酸苦楚，并不仅仅是蜀地的百姓及益州、梁州的长官所能明白知晓的,天地神明,实在也都能明察。希望陛下能怜悯我愚昧至诚的心,满足臣下我一点小小的心愿,使祖母刘氏能够侥幸地保全她的余生。我活着应当杀身报效朝廷,死了也要结草衔环来报答陛下的恩情。我怀着像犬马一样不胜恐惧的心情,恭敬地呈上此表以求闻达。

【赏　析】

　　一种情感要想打动人心,其力量之源在于它的真诚、深挚。《陈情表》一文,有与祖母刘氏相依为命的乌鸟之情,有尽孝与尽忠难以同时两全的矛盾彷徨之情,有欲先尽孝而后尽忠的恳求哭诉之情,贯穿始终的则是一"孝"字,是作者对祖母不离不弃的孝养之情,这是情的根底。想尽孝当然是真,想尽忠也未尝就是假,由此推出忠孝不能两全的矛盾纠结之舌也是真想先尽孝,然后尽忠,也是在情理之中。

万峰林

美无止境 谱写华章

春风温煦东来，夏荷笑于湖畔，秋雨送爽，冬雪深藏。峰回水转，春华秋实。如歌四季，如画自然。李白浪漫，杜甫书实，鲁迅犀利，李清照婉约，辛弃疾豪放。而「数风流人物，还看今朝」，写尽世间大旷达、大自信！

守住本心，脚踏实地。劳动精神，大国工匠，一样闪亮璀璨。不怨天尤人，自暴自弃。梦，同样在远方；路，照样在脚下。同样『鲜衣怒马少年时，不负韶华行且知』同样『岁月不拘，天道酬勤』，没有风雨，照样没有彩虹。

我相信，只要用汗水和坚持浇灌，才能开出漂亮的花朵。只有将这份坚持延续下去，定能创造属于自己的辉煌。相信将来的某一天，回忆走过的路，可以轻轻感叹：「山高人为峰」！

25　上善若水①

《道德经·八》

上善若水。水善利万物而不争，处众人之所恶②，故几于道③。居善地，心善渊，与善仁，④言善信，正善治，⑤事善能，动善时。⑥夫唯不争，故无尤⑦。

【注　释】

① 选自《道德经》，张景、张松辉译注（中华书局2021年版）。上善：上善之人，指不与万物争高下、品德高尚之人，这样的品格才最接近道。

② 所恶（wù）：所讨厌、不喜欢的地方，指低洼之地。

③ 几于道：基本上符合道的原则，即谦虚的美德。几：差不多，接近。

④ 与善仁：与别人交往时非常仁爱。与：交往，相处。善：善人，指有修养的人。

⑤ 正善治：从政时善于治理，即把国家治理好。正：通"政"，执政。治：治理。

⑥ 动善时：行动时善于把握有利时机。时：用作动词，选择时机，引申为抓住有利的时机。

⑦ 尤：过失，罪过。指如果不争就不会有烦恼。

【赏　析】

老子在自然界万事万物中最赞美水，认为水德是近于道的。而理想中的"圣人"是道的体现者。在本章中，老子用水之特征和作用来比喻最优秀的领导者所应该具有的人格特征。水最基本的特征和作用主要有：柔弱、趋下、包容、宽容、滋养万物而不与之相争。老子认为，最优秀的领导者，具有如水一般的最完善的人格。这样的人，愿意到别人不愿意去的地方去，愿意做别人不愿意做的事情。能够做到忍辱负重、宽宏大量。他们具有慈爱的精神,能够尽其所能去帮助、救济人,甚至还包括他们所谓的"恶人"。他们不和别人争夺功名利禄,是"善利万物而不争"的王者,所以没有烦恼。

【知识链接】

老子,姓李名耳,字聃,春秋末期人,生卒年不详。中国古代思想家、哲学家、文学家和史学家,道家学派创始人和主要代表人物,与庄子并称"老庄"。老子传世作品有《道德经》(又称《老子》)。

26　为无为①

《道德经·六十三》

为无为,②事无事,味无味,③大小多少,报怨以德。图难于其易,④为大于其细。⑤天下难事必作于易⑥,天下大事必作于细。是以圣人终不为大,故能成其大。夫轻诺必寡信,多易必多难。是以圣人犹难之,故终无难矣。

【注　释】

① 选自《道德经》,张景、张松辉译注(中华书局 2021 年版)。

② 为无为:要做到清静无为。第一个"为"是动词,做。

③ 味无味:把没有任何味道的东西当作有味道的东西。第一个"味"为动词,有味道。无味,实际就是指大道。

④ 图难于其易:对付困难的事情要在它还容易解决的时候开始。图:设法对付。

⑤ 为大:做大事业。细:微小,指细小事情。

⑥ 必作于易:一定是产生于容易的事情。作:产生,出现。

【赏　析】

本章老子在"无为"的宗旨下,讲圣人如何处事治世。老子首先指出:"天下难事必作于易,天下大事必作于细。"由此主张人处理事情须从细易入手,但又不可将事情看得太容易。他提醒人们注意,做任何事情都是从小到大,由少到多,由易到难的。

27　敕勒歌

南北朝·佚名

敕勒川,阴山下。

天似穹庐,笼盖四野。

天苍苍,野茫茫,风吹草低见牛羊。

【赏　析】

　　《敕勒歌》是南北朝时期广为流行的一首民歌。语言质朴,风格粗犷豪迈,形式上以五言四句为主,也有七言四句的七绝体和七言古体及杂言体,对唐代的诗歌发展有较大影响。主要收录在《乐府诗集》中。其特点是风格豪放粗犷,反映了北方广大游牧民族勇敢豪迈的精神。

　　全诗气势雄壮,意境开阔,音韵和谐,语言简洁、生动,采用高度概括的艺术手法,在写出大草原苍茫景象的同时,也让人充分感受到游牧民族豪爽的性格。

28 咏 柳

贺知章

碧玉妆成一树高,万条垂下绿丝绦。

不知细叶谁裁出,二月春风似剪刀。

【赏析】

　　这是一首咏物诗。诗的前三句都是描写柳树的。首句写柳树的整体,用"碧玉"形容柳树的翠绿晶莹,突出它的颜色美。诗别出新意,"碧玉妆成一树高",一开始,杨柳就化身为美人而出现;"高"字,衬托出美人婷婷袅袅的风姿。次句"万条垂下绿丝绦"写柳枝,说下垂披拂的柳枝犹如万千条丝带,突出它的轻柔美。"垂"字,暗示了纤腰在风中款摆。诗人采用比拟手法把早春的垂柳比拟为柳树化身的美人。第三句写柳叶,突出柳叶精巧细致的形态美。而第三句又与第四句自问自答,由柳树巧妙地过渡到春风,把春风比作"剪刀",比喻十分生动。像剪刀一样的春风剪出了鲜红嫩绿的花花草草,剪出了碧绿鲜嫩的柳叶,它是自然活力的象征,是春的创造力的象征。从"碧玉妆成"到"剪刀",我们可以看出诗人艺术构思一系列的过程。诗歌里所出现的一连串的意象,是一环紧扣一环的。全诗比喻奇巧,想象丰富,写得清新自然,被视为咏物的经典之作。

【知识链接】

　　贺知章(约659年—约744年),唐代诗人,字季真,越州永兴(今浙江萧山)人。为人旷达不羁,自号"四明狂客"。醉后属词,动成卷轴。又善草隶,人共传宝。其诗文以绝句见长,其写景抒情之作,风格独特,清新潇洒。除《咏柳》外,《采莲诗》《回乡偶书》也很有名。

柳是诗人们钟爱的意象之一。诗人们或咏柳喻人，或借柳送别，或缘柳抒情，或通过柳道人生哲理。《咏柳》这首诗就是赞美柳树的代表作之一。古人爱柳不仅仅在诗中展露无遗，就连住所、姓名也和柳相关，如：东晋著名诗人陶渊明在五棵柳树旁边安家，并自号"五柳先生"。

29　秋词(其一)

刘禹锡

自古逢秋悲寂寥,我言秋日胜春朝。

晴空一鹤排云上,便引诗情到碧霄。

【赏　析】

　　这首诗的可贵,在于诗人对秋季的感受与众不同,一反过去文人悲秋的传统,不写悲秋,而写爱秋,唱出了昂扬的励志高歌,在古典诗歌中是不多见的。诗的前两句,先弃"逢秋悲寂寥"的常情,后立"秋日胜春朝"的新见,气势不凡。他针对这种寂寥之感,偏说秋天比那万物萌生、欣欣向荣的春天要好,强调秋天并不死气沉沉,而是很有生气的。后两句直接推出"证据"——"晴空一鹤排云上"的明丽秋景,引出豪迈的诗情。他指引人们看那振翅高举的鹤,在秋日晴空中,排云直上,矫健凌厉,奋发有为,大展宏图。显然,这只鹤是独特的、孤单的。但正是这只鹤的顽强奋斗,冲破了秋天的肃杀氛围,为大自然别开生面,使志士们精神为之抖擞。仔细品读,约略能感受到诗中隐含的诗人因支持变法屡遭贬谪、不言失败的豪壮情怀。

【知识链接】

　　刘禹锡(772年—842年),字梦得,洛阳(今属河南)人,中唐著名诗人,又是思想家。他有远大的抱负,却屡遭贬斥,因而诗歌也多桀骜之气,常借虫鸟以讽世。"沉舟侧畔千帆过,病树前头万木春",也可看作是他对横逆的态度,犹"玄都观里桃千树,尽是刘郎去后栽"之意。怀古诗也低回沉着,启人遐想。风格清新爽朗,音节和谐洪亮,近体尤为擅长。有《刘宾客集》。

30 村 居

高 鼎

草长莺飞二月天,拂堤杨柳醉春烟。

儿童散学归来早,忙趁东风放纸鸢。

【赏　析】

　　这首诗描写了春天乡间的风景。诗的前两句写春光明媚、丽日和风,一个"醉"字用得非常传神,把春风拟人化了。接下来就写儿童沐浴着春光,呼吸着新鲜空气,奔跑着放飞风筝。诗如一幅美丽的风俗画,有景有人有事,充满了生活情趣,勾画出一幅生机勃勃的"乐春图"。全诗清新淡雅,生活气息浓郁,字里行间透出诗人对春天来临的喜悦和赞美。读后读者的心情也随之开朗起来,仿佛也感受到了荡漾的春风,情调恬静而自然。

31　忆江南

白居易

江南好,风景旧曾谙。

日出江花红胜火,

春来江水绿如蓝。

能不忆江南?

【赏　析】

　　白居易先后做过杭州、苏州刺史,江南的旖旎风光给他留下了深刻印象。这首词以形象的比喻和艳丽的色彩,生动地描绘了江南春光如画的景色,表达了作者对江南风光的怀念之情。开头用"江南好"开门见山地抒发诗人对江南美景的总体印象和深深怀念,一个"好"字,饱含着诗人的深情赞叹。诗人开篇直抒胸臆,说自己对江南美景的熟悉。诗的三、四句从色彩上描写江南春色,诗人用"江花""江水"来写江南的具体风光,并且用"红胜火"和"绿如蓝"来写美景的绚丽多姿,两句都用了对比。"红胜火""绿如蓝"鲜明地概括出江南明媚的春色,展现出一幅春意盎然的图画,这两句也因生动的色彩描写被传为千古绝句。结尾用了反问语气,流露出强烈的赞叹和眷恋之情,深化了"忆江南"的主题,令读者也憧憬起江南的无限美景来。整首词意境优美雅致,语言清新流畅,情感朴实真挚,被誉为千古佳作。

32　夜宿山寺

李　白

危楼高百尺,手可摘星辰。

不敢高声语,恐惊天上人。

【赏　析】

　　这是一首记游写景的短诗。诗的内容记录了李白夜游寺庙的有趣经历。诗人用夸张的艺术手法，描绘了山寺的高耸，给人以丰富的联想。此诗语言自然朴素，却形象逼真。全诗无一生僻字，却字字惊人，堪称"平字见奇"的绝世佳作。

　　"危楼高百尺，手可摘星辰。"这两句是写山寺之高。第一句正面描绘寺楼的峻峭挺拔、高耸入云。发端一个"危"字，倍显突兀醒目，与"高"字在同句中的巧妙组合，就确切、生动、形象地将山寺屹立山巅、雄视寰宇的非凡气势淋漓尽致地描摹了出来。次句以极其夸张的技法来烘托山寺之耸入云霄。一个"摘"字将读者的审美视线引向星汉灿烂的夜空，给人旷阔之感。

　　"不敢高声语，恐惊天上人"两句，"不敢"写出了作者夜临"危楼"时的心理状态，从诗人"不敢"与深怕的心理中，读者完全可以想象到"山寺"与"天上人"的相距之近，这样，山寺之高也就不言自明了。

33　望庐山瀑布

李　白

日照香炉生紫烟,遥看瀑布挂前川。

飞流直下三千尺,疑是银河落九天。

【赏 析】

　　这是诗人李白隐居庐山时写的一首风景诗。这首诗形象地描绘了庐山瀑布雄奇壮丽的景色,反映了诗人对祖国大好河山的无限热爱和对大自然之神奇的无限赞美。成功地运用了比喻、夸张和想象,构思奇特,语言生动形象、简练明快。

　　"日照香炉生紫烟",点睛字"生",把烟云冉冉上升的景象写得活灵活现。此句为瀑布的雄奇背景设置了伏笔,也为下文描写瀑布渲染了气氛。

　　"遥看瀑布挂前川",点睛字"挂",以动描静,写出远距离地观望瀑布的视觉效果,也描绘了瀑布的大致形状。

　　"飞流直下三千尺",点睛字"飞",强调视角,并用"三千尺"做量化辅助,夸张地描写高峻的瀑布的壮观之感。

　　"疑是银河落九天",点睛字"疑",若真若幻,引人遐想,再次凸显瀑布景色的壮丽,增添了瀑布的神奇色彩。

34　秋登宣城谢朓北楼①

李　白

江城②如画里,山晚望晴空。

两水③夹明镜④,双桥⑤落彩虹⑥。

人烟寒橘柚,秋色老梧桐。

谁念北楼上,临风怀谢公。⑦

【注　释】

① 谢朓北楼:指谢朓楼,为南朝齐诗人谢朓任宣城太守时所建,故址在陵阳山顶,是宣城的登览胜地。谢朓是李白很佩服的诗人。

② 江城:泛指水边的城,这里指宣城。

③ 两水:指宛溪、句溪。宛溪上有凤凰桥,句溪上有济川桥。

④ 明镜:指拱桥桥洞和它在水中的倒影合成的圆形,像明亮的镜子一样。

⑤ 双桥:指凤凰桥和济川桥,隋开皇(隋文帝年号,公元581年—600年)年间所建。

⑥ 彩虹:指水中的桥影。

⑦ 北楼:指谢朓楼。谢公:谢朓。

【翻　译】

江边的城池好像画一样美丽,山色渐晚,我登上谢朓楼远眺晴空。两条江之间,一潭湖水像一面明亮的镜子;凤凰桥和济川桥好似落入人间的彩虹。村落间泛起的薄薄寒烟缭绕于橘柚间,深秋时节梧桐已是枯黄衰老之相。除了我还有谁会想着到谢朓北楼来,迎着萧瑟的秋风,怀念谢先生呢?

35　滁州西涧

韦应物

独怜幽草涧边生,上有黄鹂深树鸣。

春潮带雨晚来急,野渡无人舟自横。

【赏　析】

诗的前两句"独怜幽草涧边生,上有黄鹂深树鸣"是说:诗人独独喜爱涧边生长的幽草,上有黄莺在树荫深处啼鸣。这是清丽的色彩与动听的音乐交织成的幽雅景致。"独怜"是偏爱的意思,偏爱幽草,流露出诗人恬淡的胸怀。

后二句"春潮带雨晚来急,野渡无人舟自横"是说:傍晚下雨潮水涨得更急了,郊野的渡口没有行人,一只渡船横泊河里。这雨中渡口扁舟闲横的画面,蕴含着诗人对自己无所作为的忧伤,引人思索。还更加说明韦应物宁愿做一株无人关注的小草,也不愿意去做那些大的官职。

【知识链接】

韦应物(737年—792年),唐代诗人。曾因出任过苏州刺史,被世人称为"韦苏州",长安(今陕西西安)人。他的诗风恬淡高远,以善于写景和描写隐逸生活著称。现今传有10卷本《韦江州集》、两卷本《韦苏州诗集》、10卷本《韦苏州集》。散文仅存一篇。韦应物的山水田园诗很多,也很著名。白居易曾评论他的诗"高雅闲淡,自成一家之体"。此诗是作者在任滁州刺史时的作品。

36 春 日

朱 熹

胜日寻芳泗水滨,无边光景一时新。

等闲识得东风面,万紫千红总是春。

【赏 析】

　　这是一首游春诗。首句"胜日寻芳泗水滨","胜日"指晴日,点明天气。"泗水滨"点明地点。"寻芳",即是寻觅美好的春景,点明了主题。下面三句都是写"寻芳"的所见所得。次句"无边光景一时新",写观赏春景中获得的初步印象。用"无边"形容视线所及的全部风光景物。"一时新",既写出了春回大地,自然景物焕然一新,也写出了作者郊游时耳目一新的欣喜感觉。第三句"等闲识得东风面",句中的"识"字承首句中的"寻"字。"等闲识得"是说春天的面容与特征是很容易辨认的。"东风面"借指春天。第四句"万紫千红总是春",是说这万紫千红的景象全是由春光点染而成的,人们从这万紫千红中认识了春天。这就具体解答了为什么能"等闲识得东风面"。而此句的"万紫千红"又照应了第二句中的"光景一时新"。第三、四句是用形象的语言具体写出光景之新,寻芳所得。

【知识链接】

　　朱熹(1130年—1200年),南宋诗人、哲学家、教育家。出生于南宋高宗建炎四年,后随母迁居建阳崇安县(今属福建省武夷山市)。晚年定居建阳考亭,故后世有考亭学派之称。其游历甚广,酷爱读书,学识渊博。他还是宋代理学的集大成者,继承了北宋程颢、程颐的理学,完成了理气一元论的体系。诗词作品以《春日》《观书有感》等较著名。跟他有关的著作主要有《四书章句集注》《楚辞集注》及其门人所辑的《朱子大全》《朱子语录》等。

37　六月二十七日望湖楼①醉书

苏　轼

黑云翻墨②未遮③山,白雨跳珠④乱入船。

卷地风⑤来忽吹散,望湖楼下水如天。

【注　释】

①　望湖楼:在杭州西湖边。
②　翻墨:像墨汁一样的黑云在天上翻卷。
③　遮:遮盖,掩盖。
④　跳珠:形容雨点像珍珠一样在船中跳动。
⑤　卷地风:风从地面卷起。

【赏　析】

　　这首诗描绘的是望湖楼美丽的雨景。本诗的灵感可谓突现于一个"醉"字上,诗人醉于酒,更醉于雨景之美,进而激情澎湃,才赋成即景佳作。才思敏捷的诗人用诗句捕捉到西子湖这一番别具风味的"即兴表演",绘成一幅"西湖骤雨图",表达了诗人对大自然的无比热爱的情感。

38　饮湖上初晴后雨

苏　轼

水光潋滟晴方好,山色空蒙雨亦奇。

欲把西湖比西子,淡妆浓抹总相宜。

【赏　析】

　　这首诗描绘了西湖在不同天气下呈现的不同风姿,写出了西湖景色的美不胜收,表达了诗人对西湖及大自然的喜爱之情。

39　湖心亭看雪

张　岱

崇祯五年十二月，余住西湖。大雪三日，湖中人鸟声俱绝。是日更定矣，余拏一小舟，拥毳衣炉火，独往湖心亭看雪。雾凇沆砀，天与云与山与水，上下一白。湖上影子，惟长堤一痕，湖心亭一点，与余舟一芥，舟中人两三粒而已。

到亭上，有两人铺毡对坐，一童子烧酒，炉正沸。见余大惊喜，曰："湖中焉得更有此人！"拉余同饮。余强饮三大白而别。问其姓氏，是金陵人，客此。及下船，舟子喃喃曰："莫说相公痴，更有痴似相公者！"

【赏　析】

　　"更定"时分,这是黎明前最黑暗的时候,其时"湖中人鸟声俱绝",一片凄清孤寂。这已不仅是赏雪,他的行为已成为一种极致,超越于尘世,标高于现实,成为一种行为之艺术。虽然不能与同好长伴,但湖心亭偶遇毕竟让他知道自己并不孤独,这样想来,别初交的伤感也能释怀了吧。

【知识链接】

　　张岱(1597年—1689年)字宗子,号陶庵、蝶庵,散文家,明山阴(今浙江绍兴)人。明末以前未曾出仕,一直过着布衣优游的生活。明末清初文学家。清兵南下灭亡了明朝,明亡以后,他消极避居浙江剡溪山中,专心从事著述,穷困以终。《陶庵梦忆》和《西湖梦寻》即写于他入山以后,书中缅怀往昔风月繁华,追忆前尘影事,字里行间流露出深沉的故国之思和沧桑之感。他的文学创作以小品文见长。文笔清新生动,饶有情趣,风格独特。

40　画

王　维

远看山有色,近听水无声。

春去花还在,人来鸟不惊。

【赏　析】

　　看远处的山往往是模糊的,但画上的山色却很清楚,在近处听流水,应当听到水声,但画上的流水却无声。在春天盛开的花,随着春天的逝去就凋谢了。而画上的花,不管在什么季节,它都盛开着。人走近停在枝头上的鸟,它就会受惊飞走。但画上的鸟,即使你走近了,它也不会惊飞。全诗读起来似乎行行违反自然规律,其实正是暗中设谜,写出了画的特点。

41　天净沙·秋

白　朴

孤村落日残霞，

轻烟老树寒鸦，

一点飞鸿影下。

青山绿水，

白草红叶黄花。

【赏　析】

此首小令写尽秋意,但全篇不见一个"秋"字,此曲开篇有孤零零的村庄,有归巢的寒鸦,有哀鸣的鸿雁,结尾有静谧的青山,悠悠的绿水,柔软的白草和朵朵的黄花,让人仿佛从凄凉萧瑟的秋景中感受到一丝明朗和清丽。

【知识链接】

白朴(1226年—约1306年后),原名恒,字仁甫,字太素,号兰谷先生。汉族,祖籍隩州(今山西河曲附近),晚岁寓居金陵(今南京市),著杂剧十六种,他是元代著名的文学家、曲作家、杂剧家,与关汉卿、马致远、郑光祖合称为元曲四大家。代表作主要有《唐明皇秋夜梧桐雨》《裴少俊墙头马上》《董月英花月东墙记》等。

42 天净沙·秋思

马致远

枯藤老树昏鸦,

小桥流水人家,

古道西风瘦马。

夕阳西下,

断肠人在天涯。

【赏　析】

被称为"秋思之祖"的这首散曲一直都受到人们所喜爱,"通篇泛着黄昏的色调,像是落日的余晖,像是深秋的树叶,更像是陈年画卷的颜色,在这幅陈年画卷之上,没有题记,只有物象的陈列,读者和作者之间达成了一种完美的默契,仅凭着这些物象的组合,读者便能领会到作者想要表达的意思,没有动词的诗作,如同一部没有台词的电影,像胶片一样,默默传达着秋日的成熟、静穆之美"。

【知识链接】

马致远,元代杂剧家、散曲家。号东篱,一说字千里。大都(今北京)人。曾任江浙行省务官(一作江浙省务提举)。晚年隐退。所作杂剧今知有十五种,现存七种。作品多写神仙道化,有"马神仙"之称。曲词豪放洒脱。与关汉卿、白朴、郑光祖同称"元曲四大家"。其散曲成就尤为世所称,有辑本《东篱乐府》,存小令百余首,套数二十三套。

43 三 峡①

郦道元

自三峡七百里中,两岸连山,略无阙处。重岩叠嶂,隐天蔽日。自非亭午②夜分,不见曦月。

至于夏水襄陵,沿溯阻绝。或王命急宣,有时朝发白帝③,暮到江陵,其间千二百里,虽乘奔④御风,不以疾也。

春冬之时,则素湍绿潭⑤,回清倒影。绝巘多生怪柏,悬泉瀑布,飞漱其间,清荣峻茂,良多趣味。

每至晴初霜旦,林寒涧肃,常有高猿长啸,属引凄异,空谷传响,哀转久绝。故渔者歌曰:"巴东三峡巫峡长,猿鸣三声⑥泪沾裳。"

【注 释】

① 三峡:瞿(qú)塘峡、巫峡和西陵峡(长江三峡西起重庆,东至湖北宜昌)。
② 亭午:中午。
③ 白帝:城名,在重庆市奉节县。
④ 奔:奔驰的马。
⑤ 绿潭:绿色的潭水。
⑥ 三声:几声。

【赏 析】

《三峡》选自《水经注》,是一篇著名的山水之作,作者通过描写三峡的山、水给我们展现出神韵生动的三峡风光,作者在写景之余不忘融情,使得诗情画意融为一体,"令人赏观之际不胜惊奇,不胜喜悦"。

【知识链接】

长江三峡西起重庆奉节县,东到宜昌市南津关,全长193公里,三峡风光各处不同,瞿塘峡雄伟险峻,巫峡幽深秀丽,西陵峡滩多水急,一山一水如诗如画,唐朝诗人李白的诗"朝辞白帝彩云间,千里江陵一日还。两岸猿声啼不住,轻舟已过万重山"就是三峡风光的真实写照。

44　爱莲说

周敦颐

水陆草木之花,可爱者甚蕃。晋陶渊明独爱菊。自李唐来,世人甚爱牡丹。予独爱莲之出淤泥而不染,濯清涟而不妖,中通外直,不蔓不枝,香远益清,亭亭净植,可远观而不可亵玩焉。

予谓菊,花之隐逸者也;牡丹,花之富贵者也;莲,花之君子者也。噫!菊之爱,陶后鲜有闻。莲之爱,同予者何人?牡丹之爱,宜乎众矣!

【赏　析】

作者开篇以独特的构思写世人爱菊和牡丹,后来点明自己爱莲。在作者的笔下,莲的形象是:出淤泥而不染,濯清涟而不妖,中通外直,不蔓不枝,香远益清,亭亭净植,可远观而不可亵玩焉。这是从莲的外形及品质对莲进行了赞美,突出作者独爱莲的喜好。为什么作者偏爱莲呢?这应该是缘于作者对想要做"君子"的人生价值的追求。

周敦颐喜爱莲花,不仅因为它的清新脱俗的高洁品质,也许还因为它开在盛夏,给人们带来了几丝清凉之感。如果说炎热代表烦恼,池水代表清凉,那么从淤泥而出绽放在水面上的莲花则隐含了从烦恼中解脱而得的清净。周敦颐一生为官清廉、襟怀淡泊,莲花的高洁寄托了他毕生的心志。正像他自己说的:"莲之爱,同予者何人?"在现实中,要想做到独善其身除了逃避与远离,或者还可以像周敦颐那样,兢兢业业地守着自己的一份志节。

【知识链接】

周敦颐(1017年—1073年),字茂叔,号濂溪,北宋道州营道楼田堡(今湖南省道县)人,世称濂溪先生,北宋著名思想家、文学家、教育家,被尊称为"理学派开山鼻祖",是北宋五子之一。周敦颐著有《通书》《爱莲说》《太极图说》等。

百里杜鹃

心系家国 命运与共

在庆祝中国共产党成立100周年的大会上,从天安门广场传来的青春誓言,喊出了全国亿万青年的心声:我泱泱华夏,一撇一捺都是脊梁;我神州大地,一思一念皆是未来;我浩浩九州,一文一墨均是骄阳。愿以吾辈之青春,护卫盛世之中华。

时光不老,连接着充满信心的未来;收藏过去,是为了明天更好地出发。少年不惧岁月长,彼方尚有荣光在。翻山越岭,只为追求学识;全力以赴,只为改变人生。追光而遇,沐光而行。做一个有理想、有本领、有担当的新时代青年。

45　逢入京使

岑　参

故园东望路漫漫,双袖龙钟泪不干。

马上相逢无纸笔,凭君传语报平安。

【赏析】

天宝八载(749 年),岑参第一次远赴西域,充任安西节度使高仙芝幕府书记。在通往西域的大路上,迎面碰见一个要返回长安述职的老相识,立马而谈,互叙寒温,于是请他捎个口信回家报平安。此诗就描写了这一情景。首句写遥望,长路漫漫,尘烟蔽天;次句写思念,泪如泉涌,极言悲痛;"马上相逢无纸笔,凭君传语报平安"完全是马上相逢,行色匆匆的口气,写得十分传神。走马相逢,没有纸笔,顾不上写信了,请你帮我捎个报平安的口信到家里吧! 诗人用十分平易的语言,表达了一种人之常情,表现了他自己的开阔胸襟。

【知识链接】

岑参(约 715 年—770 年),唐代边塞诗人,与高适并称"高岑"。岑参出生在一个官僚家庭,因聪颖早慧而五岁读书、九岁属文。天宝三载(744 年),岑参进士及第,守选三年后获授右内率府兵曹参军,后两次从军边塞。唐代宗时,岑参曾任嘉州(今四川乐山市)刺史,故世称"岑嘉州"。文学创作方面,岑参工诗,长于七言歌行,对边塞风光,军旅生活,以及异域的文化风俗有亲切的感受,边塞诗尤多佳作。

46　黄鹤楼

崔　颢

昔人已乘黄鹤去,此地空余黄鹤楼。

黄鹤一去不复返,白云千载空悠悠。

晴川历历汉阳树,芳草萋萋鹦鹉洲。

日暮乡关何处是?烟波江上使人愁。

【赏　析】

　　元人辛文房的《唐才子传》中就有记载说李白登上黄鹤楼本想赋诗一首,但因见崔颢题诗,便放弃了,还说"眼前有景道不得,崔颢题诗在上头"。宋代严羽在《沧浪诗话》中说过"唐人七言律诗,以崔颢《黄鹤楼》为第一",可见此诗名气。诗前半首用散调变格,后半首就整饬归正,实写楼中所见所感,写从楼上眺望汉阳城、鹦鹉洲的芳草绿树,并由此而引起的乡愁。尾联"日暮乡关何处是?烟波江上使人愁",以"愁"字概括出诗人的情感,以抒情结尾。由登楼起笔,到乡愁落墨。整首诗虚实互补、远近相衬,情景交融,创造了美好的艺术境界,给人以无尽的美的享受。

【知识链接】

　　黄鹤楼位于湖北省武汉市长江南岸的武昌蛇山峰岭之上,为国家5A级旅游景区,享有"天下江山第一楼""天下绝景"之称。黄鹤楼是武汉市标志性建筑,与晴川阁、古琴台并称武汉三大名胜。唐代著名诗人崔颢在此题下《黄鹤楼》一诗,使它闻名遐迩。

崔颢，汴州（今河南开封）人。玄宗开元十一年（723年）进士，官至司勋员外郎，唐代诗人。写儿女之情浮艳轻薄；写戎旅之状慷慨豪迈，雄浑奔放。《旧唐书·文苑传》把他和王昌龄、高适、孟浩然并提。

47　商山早行

温庭筠

晨起动征铎,客行悲故乡。

鸡声茅店月,人迹板桥霜。

槲叶落山路,枳花明驿墙。

因思杜陵梦,凫雁满回塘。

【赏　析】

这首诗之所以为人们所传诵,是因为它真切地反映了封建社会里一般旅人的某些共同感受,抒发游子在外的孤寂之情和思乡之意,流露出旅人的失意和无奈。诗歌从第一联开始抒写故乡之思,二、三两联以实景晕染出一种悲情,尾联插入对故乡的温馨回忆,与前三联形成反衬,进一步表达了故乡之思、旅途之悲、人生失意等复杂的情思。

"鸡声茅店月,人迹板桥霜"是悲伤之情的具体外化。诗句中没有提到一个早字,但却通过"鸡声""茅店""月""人迹""板桥""霜"六个意象把初春山村黎明之景色特有的细腻精致描绘了出来。六个名词各不相干,但排列在一起却有其独特的韵味,早行情景宛然在目,此乃意象俱足的佳句。

【知识链接】

温庭筠(约812年—866年,或824年—882年),原名岐,字飞卿,太原祁县(今属山西)人。唐代诗人、词人。其诗与李商隐齐名,时称"温李"。其诗辞藻华丽,浓艳精致,内容多写闺情。其词更是刻意求精,注重文采和声情,成就在晚唐诸人之上,为"花间派"首要词人,被尊为"花间派"之鼻祖,对词的发展影响很大。在词史上,与韦庄齐名,并称"温韦"。其诗今存三百多首,有清顾嗣立重为校注的《温飞卿集笺注》。其词今存七十余首,收录于《花间集》《金荃词》等书中。

48　金陵五题·二首

刘禹锡

石头城

山围故国周遭在,潮打空城寂寞回。

淮水东边旧时月,夜深还过女墙来。

乌衣巷

朱雀桥边野草花,乌衣巷口夕阳斜。

旧时王谢堂前燕,飞入寻常百姓家。

【赏　析】

　　金陵,六朝均建都于此。这些朝代包含极深的历史教训,所以金陵怀古成了咏史诗中的一个专题。刘禹锡的《金陵五题》也属其列。组诗以大自然的永恒和人事的沧桑之变相比衬,抒发怀古叹今之感慨。诗作借古喻今,情、景、事、理融为一体,场景阔远,寓意深邃,堪称唐诗中的艺术珍品。《石头城》就是这组诗的第一首。这首诗咏怀石头城,表面写景,实际抒情。诗人以空城与寂寞表达一个历史朝代的消亡,对六朝兴亡和人事变迁的慨叹,悲凉之气笼罩全诗。《乌衣巷》为《金陵五题》的第二首。诗人通过描绘朱雀桥、乌衣巷古今的变化,以及燕子归巢、古今不同的主人,反映了豪门贵族的败亡。表达了诗人对沧海桑田的感慨,对豪门贵族的讥刺。

【知识链接】

刘禹锡(772年—842年),唐代文学家、哲学家。字梦得,洛阳(今属河南)人。贞元进士,登博学宏辞科。授监察御史。参加王叔文集团,反对宦官和藩镇割据势力,被贬朗州司马,迁连州刺史。晚年任太子宾客,加检校礼部尚书。世称刘宾客。和柳宗元交谊甚深,人称"刘柳";诗又与白居易齐名,并称"刘白"。作品有《刘梦得文集》。

南京古称金陵,《金陵五题》分别吟咏石头城、乌衣巷、台城、生公讲堂和江令宅,实际上是从不同角度、不同侧面着笔,反复表现"兴亡"这一核心主题。

49　渔家傲·秋思

范仲淹

塞下秋来风景异,衡阳雁去无留意。四面边声连角起。千嶂里,长烟落日孤城闭。

浊酒一杯家万里,燕然未勒归无计。羌管悠悠霜满地。人不寐,将军白发征夫泪。

【赏　析】

　　词作上片描写边塞秋景,苍凉壮阔。一句"衡阳雁去无留意"表面写雁,实则反衬边塞秋季的荒凉冷落。下片抒情,将士们久戍边疆,浓浓的思乡之情与保家卫国之志,更显慷慨悲凉。本词被选入《宋词三百首》,既表现将军的英雄气概、征途的艰苦生活,也暗寓对宋王朝重内轻外政策的不满。

【知识链接】

　　范仲淹(989年—1052年)字希文,谥文正。北宋政治家、思想家、军事家和文学家。吴县(今江苏苏州)人。大中祥符八年(1015年)进士,授广德军司理参军。他在陕西守卫边塞多年,西夏不敢来犯,说他"胸中自有数万甲兵"。皇祐四年,徙知颍州,卒于途中,年六十四。宋仁宗康定、庆历年间,范仲淹镇守西北边塞,作下《渔家傲》数首,叙述边境生活的凄苦,《渔家傲·秋思》是流传下来的唯一一首。

50　临江仙·滚滚长江东逝水

杨　慎

滚滚长江东逝水，浪花淘尽英雄。是非成败转头空。青山依旧在，几度夕阳红。

白发渔樵江渚上，惯看秋月春风。一壶浊酒喜相逢。古今多少事，都付笑谈中。

【赏　析】

　　题词为《廿一史弹词》秦汉一章之开场词。上片写古今英雄成败如大浪淘沙，转眼皆空。下片写江上渔樵闲话。全篇未提秦汉相争的任何具体故事，但给人以丰富的想象，让读者可以去臆想整个人类历史。把哲理融入形象。这是一首咏史词，借叙述历史兴亡抒发人生感慨。词中的"是非成败转头空""古今多少事，都付笑谈中"极具哲理，引人深思。

【知识链接】

　　杨慎(1488年—1559年)，明代文学家，学者、官员，明代三大才子之首，东阁大学士杨廷和之子。字用修，号升庵，四川新都人。正德六年(1511年)进士第一，状元及第，后因流放滇南，故自称博南山人、金马碧鸡老兵。嘉靖三年，因"大礼议"受廷杖，后谪戍云南永昌卫，居云南三十余年，终老于云南永昌卫。著作达百余种。后人辑为《升庵集》。

　　《廿一史弹词》为杨慎谪戍滇南时所作，原名《历代史略十段锦词话》，传世后易名为《廿一史弹词》。它取材于正史，叙述历史上的更朝迭代，被誉为"后世弹词之祖"。著作只写了明朝以前的历史。后人续作说明朝、说清朝等,乃称二十五史弹词。值得注意的是《三国演义》的开篇词,就出自《廿一史弹词》中的《临江仙·滚滚长江东逝水》,清初毛宗岗父子将其置于《三国演义》开篇,致使后人都误以为是罗贯中所作。还有一首《西江月》出自《廿一史弹词》中的第三段《说三分两晋》,被冯梦龙放在《东周列国志》的开篇,又使人误以为是冯梦龙所作。

51　泊船瓜洲

王安石

京口瓜洲一水间,钟山只隔数重山。

春风又绿江南岸,明月何时照我还?

【赏　析】

　　京口和瓜洲之间只隔着一条长江,钟山也只隔着几重青山。和煦的春风又吹绿了江南岸边,何时能借着皎洁的明月回到家乡呢？这是一首著名的抒情小诗,抒发了诗人眺望江南、思念家乡的深切感情,同时借着字里行间表露他欲重返政治舞台、推行新政的情感。诗文中的"绿"字是经过精心筛选的,最为生动,极其富于表现力。

【知识链接】

　　王安石(1021 年—1086 年),字介甫,号半山,封荆国公。世人又称王荆公。汉族,北宋临川盐阜岭人(今江西省抚州市),中国古代杰出的政治家、思想家、文学家、改革家,唐宋八大家之一。传世文集有《王临川集》《临川集拾遗》《临川先生文集》等。作品大都收集在《王临川集》。《泊船瓜洲》最得世人哄传的诗句是"春风又绿江南岸,明月何时照我还"。病逝于江宁钟山。

　　公元 1070 年(神宗熙宁三年),王安石被任命为同平章事(宰相),开始推行变法。但是由于反对势力的攻击,他几次被迫辞去宰相的职务。本诗写于熙宁八年(公元 1075 年)二月,正是王安石第二次拜相进京之时。

52 题临安邸

林 升

山外青山楼外楼,西湖歌舞几时休?

暖风熏得游人醉,直把杭州作汴州。

【赏析】

　　杭州的青山与楼阁连绵不断,西湖上让人沉醉的歌舞生活什么时候才会停止?那暖暖的风吹得游玩的人们沉醉在那"美好的西湖"中,直把杭州当成了旧都汴州。这首诗极具讽喻,诗中的"楼外楼""几时休""游人醉"深刻地揭露了统治者不顾家国天下、贪图享乐,偏安于半壁江山苟且偷安的行径,表现了诗人的爱国情怀和大胆的批判精神。"暖风熏得游人醉,直把杭州作汴州"不由得让人想到"可堪回首,佛狸祠下,一片神鸦社鼓",作者不一样,但爱国情怀却是相通的。

【知识链接】

　　林升(生卒年不详),字云友,又名梦屏,号平山居士,南宋诗人。此诗题在南宋皇都临安一家旅舍的墙壁上,是一首古代的"墙头",疑原无题,此题为后人所加。

　　靖康之耻是指靖康二年(1127年)金朝南下攻取北宋首都东京,掳走徽、钦二帝,导致北宋灭亡的历史事件。又称靖康之乱、靖康之难、靖康之祸。之后赵构逃到江南,在临安即位,史称南宋。南宋小朝廷没有接受北宋亡国的惨痛教训而发愤图强,当政者不思收复中原失地,只求苟且偏安,对外屈膝投降,对内残酷迫害岳飞等爱国人士;政治上腐败无能,达官显贵无心政务,只知纵情声色,寻欢作乐。《题临安邸》就是在这样的环境里创作出来的。

53 春 望

杜 甫

国破山河在,城春草木深。

感时花溅泪,恨别鸟惊心。

烽火连三月,家书抵万金。

白头搔更短,浑欲不胜簪。

【赏 析】

　　《春望》以其深刻的社会关怀和丰富的艺术表现手法,成功塑造了一幅饱含情感色彩的春天画卷。它不仅展示了杜甫卓越的艺术才华,更为我们勾勒出了一个历史时期的真实面貌。品读这首诗歌,就如同穿越时空隧道,回到了那个充满沧桑巨变的时代,感受那份厚重的历史担当。正如余光中先生所说:杜甫是一座高峰,在他的脚下,无数后来者仰望着他的背影。对于我们这些生活在现代社会的人们而言,《春望》犹如一面镜子,反射着过去的影像,也照见了今天的自己。

54 闻官军收河南河北

杜 甫

剑外忽传收蓟北,初闻涕泪满衣裳。

却看妻子愁何在,漫卷诗书喜欲狂。

白日放歌须纵酒,青春作伴好还乡。

即从巴峡穿巫峡,便下襄阳向洛阳。

【赏 析】

在这首诗中,杜甫通过细腻入微的描写,让我们感受到了他对祖国统一、人民安定生活的殷切期望。他以自己的笔触勾勒出一幅幅生动的画面,使我们仿佛置身于那个时代,一同分享这份来之不易的快乐。然而,在欢喜之余,我们也应深刻认识到战争带给人们的痛苦。虽然胜利在望,但前方的道路依然漫长曲折。我们要珍惜这和平年代,勿忘国耻,砥砺前行。总的来说,《闻官军收河南河北》是一首充满爱国情怀、感人至深的佳作。它不仅表达了人们对胜利的渴望,也寄托着人们对美好未来的向往。愿我辈青年都能从这首诗中汲取力量,为实现中华民族伟大复兴而努力奋斗!本诗主要叙写了诗人听到官军收复失地的消息后,十分喜悦,收拾行装立即还乡的事。抒发了诗人无法抑制的胜利喜悦与还乡快意,表现了诗人真挚的爱国情怀,表达了诗人博大的爱国胸怀和高尚的精神境界。

55 茅屋为秋风所破歌

杜 甫

八月秋高风怒号,卷我屋上三重茅。茅飞渡江洒江郊,高者挂罥长林梢,下者飘转沉塘坳。

南村群童欺我老无力,忍能对面为盗贼。公然抱茅入竹去,唇焦口燥呼不得,归来倚杖自叹息。

俄顷风定云墨色,秋天漠漠向昏黑。布衾多年冷似铁,娇儿恶卧踏里裂。床头屋漏无干处,雨脚如麻未断绝。

自经丧乱少睡眠,长夜沾湿何由彻!安得广厦千万间,大庇天下寒士俱欢颜!风雨不动安如山。呜呼!何时眼前突兀见此屋,吾庐独破受冻死亦足!

【赏 析】

"安得广厦千万间,大庇天下寒士俱欢颜!风雨不动安如山",前后用七字句,中间用九字句,句句蝉联而下,表现阔大境界和愉快情感的词有"广厦""千万间""大庇""天下""欢颜""安如山",等等,又声音洪亮,从而构成了铿锵有力的节奏和奔腾前进的气势,恰切地表现了诗人从"床头屋漏无干处""长夜沾湿何由彻"的痛苦生活体验中迸发出来的奔放激情和火热希望。这种感情,咏歌不足以表达,所以诗人发出了由衷的感叹:"呜呼!何时眼前突兀见此屋,吾庐独破受冻死亦足!"抒发了作者忧国忧民的情感,表现了作者推己及人、舍己为人的高尚品格,诗人的博大胸襟和崇高理想,至此表现得淋漓尽致。

【知识链接】

杜甫(712年—770年),字子美,自号少陵野老,世称"杜工部""杜少陵"等,汉族,河南府巩县(今河南省巩义市)人,唐代伟大的现实主义诗人,杜甫被世人尊为"诗圣",其诗被称为"诗史"。杜甫与李白合称"李杜",为了跟另外两位诗人李商隐与杜牧即"小李杜"区别开来,杜甫与李白又合称"大李杜"。他忧国忧民,人格高尚,他的1400余首诗被保留了下来,诗艺精湛,在中国古典诗歌中备受推崇,影响深远。759—766年间曾居成都,后世有杜甫草堂以表纪念。

56 沁园春·雪

毛泽东

北国风光，千里冰封，万里雪飘。

望长城内外，惟余莽莽；

大河上下，顿失滔滔。

山舞银蛇，原驰蜡象，欲与天公试比高。

须晴日，看红装素裹，分外妖娆。

江山如此多娇，引无数英雄竞折腰。

惜秦皇汉武，略输文采；

唐宗宋祖，稍逊风骚。

一代天骄，成吉思汗，只识弯弓射大雕。

俱往矣，数风流人物，还看今朝。

【赏　析】

　　《沁园春·雪》突出体现了毛泽东词风的雄健、大气。作为领袖，毛泽东的博大的胸襟和抱负，与广阔雄奇的北国雪景发生同构，作者目接"千里""万里"，"欲与天公试比高"；视通几千年，指点江山主沉浮。充分展示了雄阔豪放、气势磅礴的风格。

　　全词用字遣词，设喻用典，明快有力，挥洒自如，辞义畅达，一泻千里。全词合律入韵,似无意而为之。虽属旧体,却给读者以面貌一新之感。不单是从词境中传达出的新的精神世界,而首先是意象表达系统的词语,鲜活生动,凝练通俗,易诵易唱易记。

【知识链接】

毛泽东(1893年12月26日—1976年9月9日),字润之(原作咏芝,后改润芝),笔名子任。湖南湘潭人。中国人民的领袖,伟大的马克思主义者,伟大的无产阶级革命家、战略家、理论家,中国共产党、中国人民解放军和中华人民共和国的主要缔造者和领导人,马克思主义中国化的伟大开拓者,近代以来中国伟大的爱国者和民族英雄,中国共产党第一代中央领导集体的核心,领导中国人民彻底改变自身命运和国家面貌的一代伟人。1949年—1976年,毛泽东担任中华人民共和国最高领导人。他对马克思列宁主义的发展、军事理论的贡献以及对共产党的理论贡献被称为毛泽东思想。因毛泽东担任过的主要职务几乎全部称为主席,所以也被人们尊称为"毛主席"。毛泽东被视为现代世界历史中最重要的人物之一,《时代》杂志也将他评为20世纪最具影响力的100个人之一。

57　菩萨蛮·大柏地

毛泽东

赤橙黄绿青蓝紫,谁持彩练当空舞?

雨后复斜阳,关山阵阵苍。

当年鏖战急,弹洞前村壁。

装点此关山,今朝更好看。

【赏　析】

　　这是一首追忆战争的诗篇,但却没有激烈愤慨或血腥的战争场面,只有江山之美跃然于目前。回忆是美好的,只要成为过去就会变成亲切的回忆,尤其是诗人要在这里凭吊昔日得胜战场,而身边的夏日黄昏的美景宁静而青翠。仿佛大自然此刻也懂得了诗人愉悦的心情。

【知识链接】

　　菩萨蛮:词牌名,本为唐教坊曲,后用为词牌,也用作曲牌。大柏地:乡名,位于江西省瑞金市北部,距市区 30 公里,素有"瑞金北大门"之称,319 国道横贯南北,与宁都县、石城县相邻,是毛泽东等革命家曾经生活和战斗过的地方。

58 墨 梅

王 冕

我家洗砚池头树,朵朵花开淡墨痕。

不要人夸好颜色,只留清气满乾坤。

【赏 析】

　　这是一首题画诗。诗人赞美墨梅不求人夸,只愿给人间留下清香的美德,实际上是借梅自喻,表达自己对人生的态度以及不向世俗献媚的高尚情操。诗题为"墨梅",意在述志。诗人将画格、诗格、人格有机地融为一体。字面上在赞誉梅花,实际上是赞赏自己的立身之德。

　　诗中,一"淡"一"满"尽显个性,一方面,墨梅的丰姿与诗人傲岸的形象跃然纸上;另一方面令人觉得翰墨之香与梅花的清香仿佛扑面而来。从而使诗格、画格、人格巧妙地融合在一起。

　　《墨梅》盛赞梅花的高风亮节,诗人也借物抒怀,借梅自喻,表明了自己的人生态度和高尚情操。有意见认为,该题画诗,点出创作意图,强调操守志趣,在艺术史上甚至比《墨梅图》本身还要出名。

【知识链接】

　　王冕(1287年—1359年),字元章,号煮石山农,亦号食中翁、梅花屋主等,浙江省绍兴市诸暨枫桥人,元朝著名画家、诗人、篆刻家。他出身贫寒,幼年替人放牛,自学成才。有《竹斋集》3卷,续集2卷。一生爱好梅花,种梅、咏梅,又攻画梅。所画梅花花密枝繁,生意盎然,劲健有力,对后世影响较大。存世画迹有《南枝春早图》《墨梅图》《三君子图》等。能治印,创用花乳石刻印章,篆法绝妙。

59　江城子·密州出猎

苏　轼

老夫聊发少年狂,左牵黄,右擎苍,锦帽貂裘,千骑卷平冈。为报倾城随太守,亲射虎,看孙郎。

酒酣胸胆尚开张。鬓微霜,又何妨!持节云中,何日遣冯唐?会挽雕弓如满月,西北望,射天狼。

【赏　析】

　　此作是千古传诵的东坡豪放词代表作之一。词中写出猎之行,抒兴国安邦之志,拓展了词境,提高了词品,扩大了词的题材范围,为词的创作开创了崭新的道路。后又作出利箭射向敌人这种出人意料的结局,利用巧妙的艺术构思,把记叙出猎的笔锋一转,自然地表现出了他志在杀敌卫国的政治热情和英雄气概。作品融叙事、言志、用典为一体,调动各种艺术手段形成豪放风格,多角度、多层次地从行动和心理上表现了作者宝刀未老、志在千里的英风与豪气。

60　正气歌

文天祥

天地有正气，杂然赋流形。下则为河岳，上则为日星。

于人曰浩然，沛乎塞苍冥。皇路当清夷，含和吐明庭。

时穷节乃见，一一垂丹青。在齐太史简，在晋董狐笔。

在秦张良椎，在汉苏武节。为严将军头，为嵇侍中血。

为张睢阳齿，为颜常山舌。或为辽东帽，清操厉冰雪。

或为出师表，鬼神泣壮烈。或为渡江楫，慷慨吞胡羯。

或为击贼笏，逆竖头破裂。是气所磅礴，凛烈万古存。

当其贯日月，生死安足论。地维赖以立，天柱赖以尊。

三纲实系命，道义为之根。嗟予遘阳九，隶也实不力。

楚囚缨其冠，传车送穷北。鼎镬甘如饴，求之不可得。

阴房阗鬼火，春院閟天黑。牛骥同一皂，鸡栖凤凰食。

一朝蒙雾露，分作沟中瘠。如此再寒暑，百沴自辟易。

嗟哉沮洳场，为我安乐国。岂有他缪巧，阴阳不能贼。

顾此耿耿在，仰视浮云白。悠悠我心悲，苍天曷有极。

哲人日已远，典刑在夙昔。风檐展书读，古道照颜色。

【赏　析】

　　这首诗的序为散文。有骈句，有散句，参差出之，疏密相间。在序里，作者先以排句铺陈，以骈散穿插描写了牢狱之中的"七气"，极力渲染出监牢环境的恶浊之至。而诗人又说自己身体本来孱弱，但在"七气"的夹攻之下，竟然安好无恙，那正是因为靠着胸中的浩然正气，有了正气在胸，便能抵御所有的邪气、浊气，这些说明了写《正气歌》的原因，接着便引出下面对"正气"的咏叹。因此，序和诗在构思上是有连属的，在技巧上是前后照应的，是全诗的有机组成部分。

【知识链接】

　　文天祥(1236 年—1283 年)，字履善，又字宋瑞，自号文山，浮休道人。汉族，吉州庐陵(今江西吉安县)人，南宋末大臣，文学家，民族英雄。宝祐四年(1256 年)进士，官至右丞相兼枢密使。被派往元军的军营中谈判，被扣留。后脱险经高邮嵇庄到泰县塘湾，由南通南归，坚持抗元。祥兴元年(1278 年)兵败被张弘范俘虏，在狱中坚持斗争三年多，后在柴市从容就义。著有《过零丁洋》《文山诗集》《指南录》《指南后录》《正气歌》等作品。

61　木兰诗

《乐府诗集》

唧唧复唧唧,木兰当户织。不闻机杼声,唯闻女叹息。

问女何所思,问女何所忆。女亦无所思,女亦无所忆。昨夜见军帖,可汗大点兵,军书十二卷,卷卷有爷名。阿爷无大儿,木兰无长兄,愿为市鞍马,从此替爷征。

东市买骏马,西市买鞍鞯,南市买辔头,北市买长鞭。旦辞爷娘去,暮宿黄河边,不闻爷娘唤女声,但闻黄河流水鸣溅溅。旦辞黄河去,暮至黑山头,不闻爷娘唤女声,但闻燕山胡骑鸣啾啾。

万里赴戎机,关山度若飞。朔气传金柝,寒光照铁衣。将军百战死,壮士十年归。

归来见天子,天子坐明堂。策勋十二转,赏赐百千强。可汗问所欲,木兰不用尚书郎,愿驰千里足,送儿还故乡。

爷娘闻女来,出郭相扶将;阿姊闻妹来,当户理红妆;小弟闻姊来,磨刀霍霍向猪羊。开我东阁门,坐我西阁床。脱我战时袍,著我旧时裳。当窗理云鬓,对镜帖花黄。出门看火伴,火伴皆惊忙:同行十二年,不知木兰是女郎。

雄兔脚扑朔,雌兔眼迷离;双兔傍地走,安能辨我是雄雌?

【赏析】

《木兰诗》是中国诗史上罕有的杰作,诗中首次塑造了一位替父从军的不朽的女英雄形象,既富有传奇色彩,又真切动人。木兰既是奇女子又是普通人,既是巾帼英雄又是平民少女,既是矫健的勇士又是娇美的女儿。她勤劳善良又坚毅勇敢,淳厚质朴又机敏活泼,热爱亲人又报效国家,不慕高官厚禄而热爱和平生活。木兰完满具备了英雄品格与女性特点。天性善良勇敢,沉着机智,坚忍不拔,是木兰英雄品格之必要内涵,对父母对祖国之无限爱心和献身精神,则是其英雄品格之最大精神力量源泉。《木兰诗》创具一种中国气派之喜剧精神,其特质,乃是中国人传统道德精神、乐观精神及幽默感之整合。这种中国气派之喜剧精神,实与以讽刺为特征的西方喜剧大不相同。《木兰诗》充分体现出中国民歌之天然特长,铺排、夸张、象声、悬念的突出运用,对于渲染气氛、塑造人物,效果极佳。

62　离骚(节选)

屈　原

　　帝高阳之苗裔兮,朕皇考曰伯庸。摄提贞于孟陬兮,惟庚寅吾以降。皇览揆余初度兮,肇锡余以嘉名。名余曰正则兮,字余曰灵均。纷吾既有此内美兮,又重之以修能。扈江离与辟芷兮,纫秋兰以为佩。汩余若将不及兮,恐年岁之不吾与。朝搴阰之木兰兮,夕揽洲之宿莽。日月忽其不淹兮,春与秋其代序。惟草木之零落兮,恐美人之迟暮。不抚壮而弃秽兮,何不改乎此度?乘骐骥以驰骋兮,来吾道夫先路!昔三后之纯粹兮,固众芳之所在。杂申椒与菌桂兮,岂惟纫夫蕙茝!彼尧、舜之耿介兮,既遵道而得路。何桀纣之昌披兮,夫唯捷径以窘步。惟夫党人之偷乐兮,路幽昧以险隘。岂余身之惮殃兮,恐皇舆之败绩。忽奔走以先后兮,及前王之踵武。荃不查余之中情兮,反信谗而齌怒。余固知謇謇之为患兮,忍而不能舍也。指九天以为正兮,夫唯灵修之故也。曰黄昏以为期兮,羌中道而改路。初既与余成言兮,后悔遁而有他。余既不难夫离别兮,伤灵修之数化。

【知识链接】

　　屈原(约公元前340年—前278年),芈姓(一作嬭姓),屈氏,名平,字原,又自云名正则,字灵均,出生于楚国丹阳秭归(今湖北省宜昌市),战国时期楚国诗人、政治家。屈原是中国历史上一位伟大的爱国诗人,中国浪漫主义文学的奠基人,"楚辞"的创立者和代表作家,开辟了"香草美人"的传统,被誉为"楚辞之祖",楚国有名的辞赋家宋玉、唐勒、景差都受到屈原的影响。屈原作品的出现,标志着中国诗歌进入了一个由大雅歌唱到浪漫独创的新时代,其主要作品有《离骚》《九歌》《九章》《天问》等。以屈原作品为主体的《楚辞》是中国浪漫主义文学的源头之一,对后世诗歌产生了深远影响。成为中国文学史上的璀璨明珠,"逸响伟辞,卓绝一世"。"路漫漫其修远兮,吾将上下而求索",屈原的"求索"精神,成为后世仁人志士所信奉和追求的一种高尚精神。

63 阿房宫赋①

杜 牧

六王毕,四海一,蜀山兀,阿房出。②覆压三百余里,隔离天日。骊山北构而西折,直走咸阳。③二川溶溶,④流入宫墙。五步一楼,十步一阁;廊腰缦回,檐牙高啄;各抱地势,钩心斗角。⑤盘盘焉,囷囷焉,蜂房水涡,⑥矗不知其几千万落。长桥卧波,未云何龙?复道行空,不霁何虹?高低冥迷,不知西东。歌台暖响,春光融融。舞殿冷袖,风雨凄凄。一日之内,一宫之间,而气候不齐。

妃嫔媵嫱,王子皇孙,辞楼下殿,辇来于秦。朝歌夜弦,为秦宫人。明星荧荧,开妆镜也;⑦绿云扰扰,梳晓鬟也;⑧渭流涨腻,弃脂水也;⑨烟斜雾横,焚椒兰也;雷霆乍惊,宫车过也;辘辘远听,杳不知其所之也。一肌一容,尽态极妍,缦立远视,而望幸焉。有不得见者,三十六年。燕、赵之收藏,韩、魏之经营,齐、楚之精英,⑩几世几年,取掠其人,倚叠如山。一旦不能有,输来其间。鼎铛玉石,金块珠砾,⑪弃掷逦迤,秦人视之,亦不甚惜。

嗟乎!一人之心,千万人之心也。秦爱纷奢,人亦念其家。奈何取之尽锱铢,⑫用之如泥沙?使负栋之柱,多于南亩之农夫;架梁之椽,多于机上之工女;钉头磷磷,多于在庾之粟粒;瓦缝参差,多于周身之帛缕;直栏横槛,多于九土之城郭;管弦呕哑,多于市人之言语。使天下之人,不敢言而敢怒。独夫⑬之心,日益骄固。戍卒叫,函谷举,⑭楚人一炬,可怜焦土。

呜呼!灭六国者,六国也,非秦也。族秦者,秦也,非天下也。嗟乎!使六国各爱其人,则足以拒秦。秦复爱六国之人,则递三世,可至万世而为君,谁得而族灭也?秦人不暇自哀,而后人哀之;后人哀之而不鉴之,亦使后人而复哀后人也!

【注 释】

① 选自《古文观止》(中华书局2020年11月第一版),安平秋点校。

② 蜀山兀,阿房出:四川的山秃了,阿房宫出现了。蜀:四川。兀:指山顶光秃,树木伐尽。出:出现,意思是建成。

③ 骊山北构而西折,直走咸阳:(阿房宫)从骊山北边建起,折向西面,直通咸阳。走:通向、趋向。

④ 二川溶溶:二川:指渭水和樊川。溶溶:河水缓缓流动的样子。

⑤ 各抱地势,钩心斗角:(楼阁)各依地势,座座通连,檐角交错。

⑥ 盘盘焉,囷囷(qūn qūn)焉,蜂房水涡:盘旋,屈曲;像蜂房,像水涡。焉:相当于"然""……的样子"。

⑦ 明星荧荧,开妆镜也:闪亮的明星,是宫人打开的梳妆的镜子。明星荧荧:荧荧是后置定语。下文紧连的四句,句式相同。

⑧ 绿云扰扰,梳晓鬟也:墨绿云彩纷纷扰扰,是宫人早晨在梳理发髻。

⑨ 渭流涨腻,弃脂水也:渭水涨起了油腻,那是洗完脸倒掉的胭脂水。涨腻:涨起了脂膏。

⑩ 收藏、经营、精英:指收藏的金玉珍宝等物。

⑪ 鼎铛(chēng)玉石,金块珠砾:把宝鼎看作铁锅,把美玉看作石头,把黄金看作土块,把珍珠看作石子。

⑫ 奈何取之尽锱铢:为什么搜刮尽别人。锱铢(zī zhū):古代重量名,锱、铢连用,极

言其细微。

⑬ 独夫：专横残暴的统治者，失去人心，人民痛恨，众叛亲离。这里指秦始皇。

⑭ 戍卒叫：指陈胜、吴广起义。函谷举：函谷关被攻占。举：被攻占。

【赏　析】

《阿房宫赋》是唐代文学家杜牧创作的一篇借古讽今的赋体散文。此篇赋文的创作背景正值唐朝晚期，社会动荡不安，政治腐败，民不聊生。通过描写阿房宫的兴建及其毁灭，生动形象地总结了秦朝统治者骄奢亡国的历史经验，向唐朝统治者发出了警告，全文运用了想象、比喻与夸张等手法以及描写、铺排与议论等方式，骈句散行，错落有致。赋文通过描绘阿房宫的壮丽和奢华，表达了作者对秦朝统治者的奢侈荒淫的批判，警示后人不要重蹈覆辙，要珍惜民力，实行仁政。

【知识链接】

杜牧（803 年—852 年），唐代诗人。字牧之，京兆万年（今陕西西安）人。公元 828 年（太和二年）进士，写景抒情的小诗，多清丽生动。人谓之小杜，和李商隐合称"小李杜"，以别于李白与杜甫。有《樊川文集》二十卷传世。

阿房宫被誉为"天下第一宫"，是中国历史上第一个统一的多民族中央集权制国家——秦帝国修建的新朝宫，始建于秦始皇三十五年（前 212 年），与万里长城、秦始皇陵、秦直道并称为"秦始皇的四大工程"，它们是中国首次统一的标志性建筑，也是华夏民族开始形成的实物标识。位于今陕西省西安市西咸新区沣东新城王寺街道。

1956 年，阿房宫遗址被陕西省列为省级文物保护单位。1961 年 3 月 4 日，阿房宫遗址被国务院公布为第一批全国重点文物保护单位。1991 年，阿房宫遗址被联合国确定为世界上最大的宫殿基址，属于世界奇迹。

64　岳阳楼记①

范仲淹

庆历四年春,滕子京谪守巴陵郡。越明年,政通人和,百废俱兴。乃重修岳阳楼,增其旧制,刻唐贤、今人诗赋于其上。属予作文以记之。②

予观夫巴陵胜状,在洞庭一湖。衔③远山,吞长江,浩浩汤汤,④横无际涯;朝晖夕阴,气象万千。此则岳阳楼之大观也,前人之述备矣。然则北通巫峡,南极潇湘,迁客骚人,多会于此,览物之情,得无异乎?⑤

若夫霪雨霏霏,连月不开,阴风怒号,浊浪排空,日星隐曜⑥,山岳潜形,商旅不行,樯倾楫摧;薄暮冥冥,⑦虎啸猿啼。登斯楼也,则有去国怀乡,忧谗畏讥,⑧满目萧然,感极而悲者矣。

至若春和景明,波澜不惊,⑨上下天光,一碧万顷;沙鸥翔集,锦鳞游泳;岸芷汀兰,⑩郁郁青青。而或长烟一空,皓月千里,浮光耀金,静影沉璧,渔歌互答,此乐何极!登斯楼也,则有心旷神怡,宠辱皆忘,把酒临风,其喜洋洋者矣。

嗟夫!予尝求古仁人之心,或异二者之为。何哉?不以物喜,不以己悲。居庙堂之高,则忧其民;⑪处江湖之远,则忧其君。是进亦忧,退亦忧。然则何时而乐耶?其必曰"先天下之忧而忧,后天下之乐而乐"欤?噫!微斯人,吾谁与归!⑫

时六年九月十五

【注　释】

① 选自《古文观止》(岳麓出版社 1982 年 2 月第一版)，阙勋吾等译注。记：一种文体。可以写景、叙事，多为议论。为了抒发作者的情怀、阐述作者观念。

② 属(zhǔ)：通"嘱"，嘱托、嘱咐。予：我。以：连词。

③ 衔：包含。

④ 浩浩汤(shāng)汤：水波浩荡的样子。汤汤：水流大而急。

⑤ 得无异乎：大概不同吧。

⑥ 隐曜(yào)：隐藏起光辉。

⑦ 薄(bó)：挨近。冥冥：昏暗的样子。

⑧ 去国怀乡，忧谗畏讥：离开国都，怀念家乡，担心别人说坏话，惧怕批评指责。去：离开。忧：担忧。畏：害怕，惧怕。

⑨ 至若春和景明：至于到了春天，气候暖和，阳光普照。波澜不惊：湖面平静。

⑩ 岸芷(zhǐ)汀(tīng)兰：岸上的小草，小洲上的兰花。芷：香草的一种。汀：小洲，水边平地。

⑪ 居庙堂之高，则忧其民：在朝中做官就担忧百姓。庙堂：宗庙、殿堂，指朝廷。

⑫ 微斯人，吾谁与归：(如果)没有这种人，那我同谁一道呢？微：非、不是。斯人：这种人，指前文的"古仁人"。

【赏　析】

《岳阳楼记》是北宋文学家范仲淹于庆历六年九月十五日应好友巴陵郡太守滕子京之请，为重修岳阳楼而创作的一篇散文。此时，范仲淹正因推行"庆历新政"而遭到贬谪，但他的政治抱负和伟大情怀并未因此受挫。文章通过描绘岳阳楼的景色和迁客骚人的览物之情，表达了作者"不以物喜，不以己悲"的旷达胸襟和"先天下之忧而忧，后天下之乐而乐"的政治抱负。《岳阳楼记》中，范仲淹将个人的情感与哲理表达得淋漓尽致。无论是对阴雨连绵的洞庭湖景色的描绘，还是对阳光明媚时景色的赞美，都透露出作者内心深处的情感。同时,文章中的哲理思考也深刻而独到,如"居庙堂之高,则忧其民;处江湖之远,则忧其君"等句,表达了作者对社会人生的独到见解。

【知识链接】

岳阳楼,位于湖南省岳阳市,地处岳阳古城西门城墙之上,紧靠洞庭湖畔。始建于东汉建安二十年(215年),历代屡加重修,现存建筑沿袭清光绪六年(1880年)重建时的形制与格局;北宋滕宗谅重修岳阳楼,邀好友范仲淹作《岳阳楼记》,从而使得岳阳楼著称于世。自古有"洞庭天下水,岳阳天下楼"之美誉,与湖北武汉黄鹤楼、江西南昌滕王阁并称为"江南三大名楼",是"中国十大历史文化名楼"、古代四大名楼之一,世称"天下第一楼"。

黄果树瀑布

砥砺奋进 报国为民

不经一番寒彻骨,怎得梅花扑鼻香。要褪去年少的脆弱,要将胆识和勇气、坚强和毅力,化作坚硬的翅膀,振翅高飞,乘风破浪,自然不是易事。

青春正当时,不语复流年。"博爱、担当、责任、格局、胸怀"是理想,是灯塔,是座右铭。况『世之奇伟、瑰怪、非常之观,常在于险远,而人之所罕至焉。故非有志者不能至也』。而『有志』,无外乎珍惜寸阴的自律,攻坚克难的毅力,天下为公的誓言,身处泥沼而志洁行芳的品质,享受平凡、寂寞的心性,才能勇于担当,自尊自立,自强不息。我有毅力去做爱国的准备,有信心去创造刮骨疗伤,凤凰涅槃。请党放心:强国亦有我!属于自己的辉煌。

65 梅 花

王安石

墙角数枝梅,凌寒独自开。

遥知不是雪,为有暗香来。

【赏　析】

本诗通过写梅花在严寒中绽放,赞美了梅花凌霜傲雪、迎风飘香的品格,展示了作者的人格追求,蕴含了诗人的精神寄托。梅花不仅凌寒呈艳,而且还在严寒中送出暗香,严寒压不倒梅花,也压不倒梅花的香,更显出其"凌寒"的傲骨及顽强的生命力。诗歌以寥寥四句,将梅花的精神表达得淋漓尽致。

【知识链接】

王安石(1021年—1086年),字介甫,号半山,封荆国公。世称王荆公。北宋时期杰出的政治家、思想家、文学家、改革家,唐宋八大家之一。传世文集有《王临川集》《临川集拾遗》《临川先生文集》等。作品大都收集在《王临川集》。

"花中四君子":梅、兰、竹、菊,世人常用"四君子"来寓意圣人高尚的品德。"岁寒三友":松、竹、梅经冬不衰,因此有"岁寒三友"之称。常青不老的松,象征君子之道的竹,冰清玉洁的梅傲骨迎风,挺霜而立,精神可嘉!

66 长歌行

汉乐府

青青园中葵,朝露待日晞。

阳春布德泽,万物生光辉。

常恐秋节至,焜黄华叶衰。

百川东到海,何时复西归?

少壮不努力,老大徒伤悲。

【赏　析】

　　诗歌借物言理,托物言志。首先以园中葵菜起调,托物起兴,万物在春天的阳光雨露之下,争相努力地生长。由于有春天的阳光、雨露,万物闪耀着生命的光辉,到处是生机盎然、欣欣向荣的景象,它们唯恐秋天到来,百草凋零,丧失活力。前六句运用比喻手法,借物比人。人生的青春时代正如四季中的春天,但人总要经历由少到老的过程,诗人用"常恐秋节至"表达对稍纵即逝的"青春"的珍惜。结尾两句是诗人从生活中提炼概括出来的至理名言,劝勉世人不可虚度光阴,应该趁青春年华,珍惜时间,及时努力,勤奋学习、工作,免得到年老时空自悲叹、追悔莫及。

【知识链接】

　　歌行是我国古代诗歌的一种体裁,是乐府民歌的一种体式,也叫"歌""行",有长歌行、短歌行等。长歌行是指"长声歌咏"为曲调的自由式歌行体。

汉乐府，是指专门管理乐舞演唱教习的机构。乐府初设于秦，是当时少府下辖中专门管理乐舞演唱教习的机构。公元前112年，正式成立于西汉汉武帝时期。乐府的职责是采集民间歌谣或文人的诗来配乐，以备朝廷祭祀或宴会时演奏之用。它搜集整理的诗歌，后世就叫"乐府诗"，或简称"乐府"。

67　陋室铭

刘禹锡

山不在高,有仙则名;水不在深,有龙则灵。斯是陋室,惟吾德馨。苔痕上阶绿,草色入帘青。谈笑有鸿儒,往来无白丁。可以调素琴,阅金经。无丝竹之乱耳,无案牍之劳形。南阳诸葛庐,西蜀子云亭。孔子云:"何陋之有?"

【赏　析】

　　全文 81 字,写陋室以示节操,文字简约而意味隽永。开篇以山水起兴,山不在高,水不在深,有了仙龙就可以出名、显现威名,陋室因主人的"德馨"而美名播扬。陋室苔绿草青,是淡雅之色,但不乏生机勃勃;陋室主人弄琴读经,尽显从容之态,闲逸之致。接着,作者以诸葛庐、子云亭作类比,包含着引古代高士为同调的自豪,结句以"孔子云:'何陋之有?'"收束全篇,说明"陋室'不陋'",表达对最高道德规范的追求。

【知识链接】

　　刘禹锡(772 年—842 年),字梦得,号宾客,唐洛阳(今属河南)人。唐朝时期大臣、文学家、哲学家,有"诗豪"之称。其诗文兼长,涉猎题材广泛,与柳宗元并称"刘柳",与韦应物、白居易合称"三杰",并与白居易合称"刘白",留下《陋室铭》《竹枝词》《乌衣巷》等名篇。著有《刘梦得文集》《刘宾客集》。铭是古代刻于金石上的一种押韵文体,多用于歌颂功德或警诫自己。

68　生于忧患　死于安乐

《孟子》

孟子曰:"舜发于畎亩①之中,傅说举于版筑之间,②胶鬲③举于鱼盐之中,管夷吾举于士,④孙叔敖⑤举于海,百里奚⑥举于市。故天将降大任于是人也,必先苦其心志,劳其筋骨,饿其体肤,空乏其身,行拂乱其所为,所以动心忍性,曾益其所不能。人恒过,然后能改;困于心,衡于虑,而后作;征于色,发于声,而后喻。入则无法家拂士⑦,出则无敌国外患者,国恒亡。然后知生于忧患而死于安乐也。"

【注　释】

① 畎(quǎn)亩:田间,田地。

② 傅说(yuè):商王武丁的宰相。相传曾为刑徒,在傅险筑墙,后被武丁访求到而提拔为相。版筑:古人筑墙时,用两板夹住泥土,以杵筑之,拆板后即成土墙。

③ 胶鬲(gé):殷纣时的贤人。曾因遭乱而以贩卖鱼盐为生,被周文王举荐于纣,后又辅佐周武王。

④ 管夷吾:指管仲。原是齐国公子纠的家臣,纠与公子小白即后来的齐桓公争夺君位,失败后逃至鲁国而遭杀,管仲也被鲁人囚禁,后被押回齐国。后由鲍叔牙推荐,被桓公提拔为相,辅助齐桓公称霸。士:狱官。管仲曾被囚禁,受狱官管制,故称"举于士"。

⑤ 孙叔敖:楚国隐士,后被楚庄王举为令尹。

⑥ 百里奚:虞国人,后从虞国逃至楚国,以五张羊皮的价格,自卖为奴。后被秦穆公举为宰相。

⑦ 拂(bì)士:辅佐君主的贤士。拂:通"弼",辅佐。

【赏　析】

　　本章选自《孟子·告子下》，论述了逆境对君子理想人格的锻炼培养，提出了"生于忧患，死于安乐"的观点。孟子在列举了先贤的例子之后总结说，老天要将重任给予某个人，一定会先想办法让他有能力承担重任。孟子认为，人往往在逆境挫折中容易奋起。常犯错误，才能改正；心意困苦，思虑阻塞，才能奋发有为；表现在脸上，流露在言谈中，别人才会了解。人是这样，国家也一样，国内没有执法的大臣和辅弼的贤士，国外没有敌国外患，这样的国家常会灭亡。言简意赅，说理透辟，后人常引以为座右铭，激励无数志士仁人在逆境中奋起。

【知识链接】

　　孟子（约公元前372年—公元前289年），名轲，字子舆，邹国（今山东邹城东南）人。战国时期哲学家、思想家、教育家，是孔子之后、荀子之前的儒家学派代表人物，与孔子并称"孔孟"。孟子宣扬"仁政"，最早提出"民贵君轻"的思想，被韩愈列为先秦儒家继承孔子"道统"的人物，元朝时被追封为"亚圣"。孟子的言论著作收录于《孟子》一书。《孟子》是儒家的经典著作，由孟子及其弟子著。

69 劝学诗

颜真卿

三更灯火五更鸡,正是男儿读书时。

黑发不知勤学早,白首方悔读书迟。

【赏 析】

"劝"起统领全篇的作用,解释为"勉励"。诗歌劝勉青少年要珍惜少壮年华,勤奋学习,有所作为,否则到老一事无成,后悔已晚。这首诗深入浅出,自然流畅,富含哲理。核心是"黑发早勤学,白首读书迟"。作为有志气的人,要注意抓紧时间读书学习、修身养性,最好的读书时间是在三更五更,晨读不息;并且只有年年月月刻苦坚持,才能真正学到报国兴家立业的本领。句中"黑发""白首"采用借代的修辞方法,借指青年和老年。从结构上看,三、四句为对偶句,"黑发"与"白首"前后呼应,互相映衬。

【知识链接】

颜真卿(709年—784年),字清臣,小名羡门子,别号应方,琅琊临沂(今山东省临沂市)人,出生于京兆万年(今陕西省西安市)。唐朝名臣、书法家。颜真卿书法精妙,擅长行、楷。初学褚遂良,后师从张旭,得其笔法。其正楷端庄雄伟,行书气势遒劲,创"颜体"楷书,对后世影响很大。与赵孟頫、柳公权、欧阳询并称为"楷书四大家"。又与柳公权并称"颜柳",被称为"颜筋柳骨"。又善诗文,有《韵海镜源》《礼乐集》《吴兴集》《庐陵集》《临川集》,均佚。宋人辑有《颜鲁公集》。

70 竹 石

郑 燮

咬定青山不放松,立根原在破岩中。

千磨万击还坚劲,任尔东西南北风。

【赏 析】

　　这是一首题画诗,诗人郑板桥擅长画竹、吟竹。诗歌语言通俗晓畅,用拟人手法,写竹子"咬定青山","立根"于"破岩中",经历"千磨万击""东西南北风",仍然坚韧劲拔。诗歌首句用一个"咬"字,写出竹子顽强的生命力和坚定的信念;尾句用一个"任"字,写出了竹子无所畏惧、慷慨潇洒、积极乐观的精神风貌。诗歌通过咏竹,塑造了一个百折不挠的精神强者的形象,在赞美竹石坚定顽强的同时,也是诗人人格追求的自我表达。

【知识链接】

　　郑燮(1693年—1765年),字克柔,号板桥,江苏兴化人。清代著名画家、书法家,"扬州八怪"之一。其诗、书、画称为"三绝"。乾隆元年(1736年)进士,曾任范县、潍县知县。其诗多为反映现实生活,同情民间疾苦之作。风格质朴泼辣,体现了作者正直倔强的性格。有《郑板桥集》。

71　龟虽寿

曹　操

神龟虽寿，犹有竟时。

腾蛇乘雾，终为土灰。

老骥伏枥，志在千里。

烈士暮年，壮心不已。

盈缩之期，不但在天。

养怡之福，可得永年。

幸甚至哉，歌以咏志。

【赏　析】

　　诗歌以长寿的龟蛇起兴，表达诗人自强不息的精神。"神龟"四句说明自然界中即使是寿命最长的龟蛇，也难免一死，更何况人呢！"老骥"四句，诗人以"老骥"作比，指出一个有雄心壮志的人应当老当益壮，积极奋发，建立功业。曹操写此诗时已五十三岁，其勃勃雄心，昭然可见。"盈缩"四句，强调人的主观作用，作者认为，人的寿命尽管有长短，但不应全凭上天的决定，还可以通过人自身的努力去延长它，这种对人生的积极态度是可贵的。全诗气势雄浑，熔说理、抒情于一炉，具有强烈的艺术感染力。

【知识链接】

　　曹操(155 年—220 年)，即魏武帝，字孟德，小名阿瞒，沛国谯县(今安徽亳州市)人。

东汉建安元年,迎献帝都许(今河南许昌),以其名义发号施令。"官渡之战"大破袁绍势力,逐渐统一中国北部。建安十三年,率军南下,被孙权和刘备的联军击败于赤壁。封魏王。子曹丕称帝,追尊操为武帝。曹操是著名的政治家、军事家、文学家。汉末建安时期文人企图改变社会现状,这种政治理想成就了建安文学。曹魏父子(曹操、曹丕、曹植)的创作代表了"建安风骨"的特色。

72　於潜僧绿筠轩①

苏　轼

宁可食无肉,不可居无竹。

无肉令人瘦,无竹令人俗。

人瘦尚可肥,士俗不可医。

旁人笑此言,似高还似痴。

若对此君仍大嚼,②世间那有扬州鹤③?

【注　释】

① 於潜:旧县名,在今浙江省临安区,县南有寂照寺,寺中有绿筠轩,以竹点缀环境,十分幽雅。僧:名孜,字惠觉,在於潜县南二里的丰国乡寂照寺出家。

② 此君:借用晋王徽之的典故。王徽之为人高雅,生性喜竹,有一次寄居于一空宅,立即命人来种竹,有人问其缘故,徽之说:"何可一日无此君?"此君即是竹子。大嚼:语出曹植《与吴质书》中的"过屠门而大嚼,虽不得肉,贵且快意"。

③ 扬州鹤:语出《殷芸小说》,故事的大意是,有客相从,各言所志,有的是想当扬州刺史,有的是愿多置钱财,有的是想骑鹤上天,成为神仙。其中一人说,他想"腰缠十万贯,骑鹤上扬州",兼得升官、发财、成仙之利。

【赏　析】

"宁可食无肉,不可居无竹"借用王徽之的典故颂於潜僧,塑造了一位超然不俗的高僧形象。"无肉令人瘦,无竹令人俗"写出了物质与精神在比较中的价值;食无甘味,不过是"令人瘦";但人无松竹之节,无雅尚之好,就会"令人俗"。这句既是对僧人的赞颂,也是对物欲俗骨之类的示警。接着用"人瘦尚可肥,士俗不可医"进一步说明,人最重要的是思想品格、精神境界。有了高尚的情操,就会高洁风雅、卓然为人;反之,就会俗态媚骨,丑行毕现,"俗不可医"。"旁人笑此言,似高还似痴",这个"旁人",就是那"不可医"的俗士。他听了诗人观点,笑言"似高还似痴",诗人紧接着对俗士调侃道:又想种竹而得清高之名,又要面竹而大嚼甘味,人间何处有"腰缠十万贯,骑鹤上扬州"这等美事呢?

73 定风波

苏 轼

莫听穿林打叶声,何妨吟啸且徐行。竹杖芒鞋轻胜马,谁怕?一蓑烟雨任平生。

料峭春风吹酒醒,微冷,山头斜照却相迎。回首向来萧瑟处,归去,也无风雨也无晴。

【赏　析】

　　这首词作于宋神宗元丰五年(1082年)春,当时是苏轼因"乌台诗案"被贬为黄州(今湖北黄冈)团练副使后的第三个春天。词人与朋友春日出游,风雨忽至,雨打竹叶,春风料峭,朋友深感狼狈,作者却吟啸徐行、坦然处之。这不仅是作者对大自然的变化,也是作者对人生,特别是对贬谪生涯的态度。

74　石灰吟

于　谦

千锤万凿出深山,烈火焚烧若等闲。

粉身碎骨浑不怕,要留清白在人间。

【赏　析】

　　石灰由石灰岩烧制而成,进行开掘时要"千锤万凿",石灰岩经历反复的打击,由整块变成碎块,然后将矿石投入炉窑焚烧,最后成为白灰。诗歌通篇运用借喻手法,借物喻人,咏物言志,诗人于谦将白灰拟人化,表面上是写石灰,实际是写人,写自己,石灰作为峻洁人格的象征,同时也寄托了诗人本身的人格理想。白灰的纯洁来之不易,要承受各种苦难、付出巨大的代价,在现实社会中要保持峻洁的人格亦是如此。诗人本身也确实是为了坚持自己的理想、保全自己的操守而赴汤蹈火,视死如归。

【知识链接】

　　于谦(1398年—1457年),字廷益,号节,钱塘(今浙江杭州)人。明永乐年间进士,为官清廉刚正,不畏强暴,深得民心。正统十四年(1449年)发生"土木之变",瓦剌军进逼北京,英宗被俘。于谦坚决主战,拥立景帝,固守京师,击败瓦剌。英宗复位后,其被以莫须有的罪名处死。

75 自立立人歌

陶行知

一

滴自己的汗,

吃自己的饭,

自己的事自己干,

靠人、靠天、靠祖上,

不算是好汉。

二

滴自己的汗,

吃自己的饭,

别人的事我帮忙干,

不救苦来不救难,

可算是好汉?

【赏　析】

　　自立，就是靠自己的能力独立，当然，这里的自立不仅仅是指身体上的自立，更是指精神上的自立、自强。"滴自己的汗，吃自己的饭，自己的事自己干"，陶行知先生认为人不应当总是依赖别人，再大的困难也不能轻易屈服。

【知识链接】

　　我国伟大的人民教育家陶行知先生1891年10月18日出生于安徽省歙县黄潭源村的一个贫困家庭，父亲是一名乡村教师，受父亲的影响，陶行知后来也成为了一名教育工作者，并成为了享誉世界的中国人民教育家、思想家，他的教育思想在世界上都有很重要的影响力。陶行知主要著作有《中国教育改造》《古庙敲钟录》《斋夫自由谈》等。

76 赠从弟(其二)

刘桢

亭亭山上松,瑟瑟谷中风。

风声一何盛,松枝一何劲!

冰霜正惨凄,终岁常端正。

岂不罹凝寒?松柏有本性。

【赏　析】

"岂不罹凝寒？松柏有本性。"难道松树没有遭受严寒？不是，之所以不畏严寒，是因为松柏天生有着耐寒的本性而已。这里诗人采用了一问一答的句式，写出了松树高洁的情操。这首诗以松树为中心，赞扬了松树高洁和坚贞的品质，以此来勉励他的堂弟坚守本心，不要因外物而改变本性。

【知识链接】

刘桢（186年—217年），东汉末年著名的文学家，"建安七子"之一。字公干，东平（今属山东）人。刘桢的赋文风格独特，曹丕就曾说他"其五言诗之善者，妙绝时人"（《又与吴质书》），他与孔融、陈琳、王粲、徐干、阮瑀、应玚合称"建安七子"。尤其以诗歌见长，其五言诗颇负盛名，后人将他与曹植一起并称"曹刘"，他是"建安七子"中的佼佼者。

77 望蓟门

祖　咏

燕台一去客心惊,笳鼓喧喧汉将营。

万里寒光生积雪,三边曙色动危旌。

沙场烽火连胡月,海畔云山拥蓟城。

少小虽非投笔吏,论功还欲请长缨。

【赏　析】

　　这首七言律诗写的是诗人登上燕台极目远眺,看到了祖国的边塞雄丽壮阔的景色,顿生投身疆场报国立功之志,"少小虽非投笔吏,论功还欲请长缨",早年虽不像班超投笔从戎,论建功立业却更想自愿请缨,驰骋疆场。全诗意境辽阔,感情激昂,气势恢宏。

78　走马川行奉送封大夫出师西征

岑　参

君不见走马川行雪海边，平沙莽莽黄入天。

轮台九月风夜吼，一川碎石大如斗，随风满地石乱走。

匈奴草黄马正肥，金山西见烟尘飞，汉家大将西出师。

将军金甲夜不脱，半夜军行戈相拨，风头如刀面如割。

马毛带雪汗气蒸，五花连钱旋作冰，幕中草檄砚水凝。

虏骑闻之应胆慑，料知短兵不敢接，车师西门伫献捷！

【赏　析】

　　唐朝是中国历史上最意气风发的时代之一。誓死守卫祖国的饱满激情、绮丽瑰异的塞北风光和战士们一往无前的出征军容，都能从诗人们笔下汩汩流泻成壮美的诗篇。这首诗是岑参专门为出兵西征的封常清所作，虽然边疆环境恶劣，但是将士们不畏艰险的英雄气概跃然纸上，"虏骑闻之应胆慑，料知短兵不敢接，车师西门伫献捷"。出必战，战必胜。全诗节奏铿锵有力，激情豪迈。

79　古意

李　颀

男儿事长征，少小幽燕客。

赌胜马蹄下，由来轻七尺。

杀人莫敢前，须如猬毛磔。

黄云陇底白雪飞，未得报恩不能归。

辽东小妇年十五，惯弹琵琶解歌舞。

今为羌笛出塞声，使我三军泪如雨。

【赏　　析】

　　诗歌的前六句给我们塑造了一个剽悍狂野的戍边好男儿形象,可谓栩栩如生。可后六句笔锋一转,由刚烈转至柔情,出现了"琵琶""歌舞"和"羌笛出塞声""使我三军泪如雨",刚强如铁的戍边男儿们听到了温柔的思乡曲后泪如雨下。全诗基调奔腾顿挫,寥寥数句却呈现出尺幅千里之势。

80　苏武庙

温庭筠

苏武魂销汉使前,古祠高树两茫然。

云边雁断胡天月,陇上羊归塞草烟。

回日楼台非甲帐,去时冠剑是丁年。

茂陵不见封侯印,空向秋波哭逝川。

【知识链接】

　　苏武是我国汉朝时期杰出的民族英雄,他虽然被匈奴羁留多年,但对祖国的热爱和忠诚丝毫不减。这首诗是诗人温庭筠在瞻仰苏武庙时所写,在诗歌中,我们看到了一个虽然身在异国他乡,却心系母国的苏武形象,我们也能真切感受到苏武对祖国母亲的向往。这里,诗人也借此表达了自己的爱国情怀。

81　南安军

文天祥

梅花南北路,风雨湿征衣。

出岭同谁出?归乡如此归!

山河千古在,城郭一时非。

饿死真吾志,梦中行采薇。

【知识链接】

　　这是一首五言律诗,诗人以高亢的基调抒发了他的爱国之志,唱出了他对国家的赤诚忠心。"山河千古在,城郭一时非",他认为城郭被元占据只是暂时的,只要宋朝人民继续斗争,山河一定还会回到宋朝的怀抱。"饿死真吾志,梦中行采薇",诗人为了表明不投降的决心,决定饿死殉国以表其志。

82 大学之道①

《礼记》

大学之道,在明明德②,在亲民③,在止于至善。知止④而后有定;定而后能静;静而后能安;安而后能虑;虑而后能得。物有本末,事有终始。知所先后,则近道矣。

古之欲明明德于天下者,先治其国;欲治其国者,先齐其家;欲齐其家者,先修其身;欲修其身者,先正其心;欲正其心者,先诚其意;欲诚其意者,先致其知⑤;致知在格物⑥。物格而后知至;知至而后意诚;意诚而后心正;心正而后身修;身修而后家齐;家齐而后国治;国治而后天下平。自天子以至于庶人,壹是皆以修身为本。⑦

其本乱而末⑧治者否矣。其所厚者薄,而其所薄者厚,未之有也。⑨

【注 释】

① 大学:指"太学",相对于小学而言。道:宇宙万物的本原。
② 明明德:彰明美德。前一个"明"作动词,彰明。明德:指光明美好的品德。
③ 亲民:"亲民"的目的主要在于"齐家",齐家即亲民也。"亲民"二字与前面的"明明德"结合,即弘扬光明的品德要学习和应用于日常生活当中,大学问即从生活中而来。
④ 知止:知道目标所在。
⑤ 致其知:彰显明德本心,诚明一致。

⑥ 格物：探究事物原理。

⑦ 壹是：都是。本：根本。

⑧ 末：相对于"本"而言，指枝末、枝节。

⑨ 厚者薄：该重视的不重视。薄者厚：不该重视的却加以重视。

【知识链接】

"大学之道"是儒学经典《大学》开篇第一句。宋代人把它从《礼记》中抽出来，与《论语》《孟子》《中庸》相配合，到朱熹撰《四书章句集注》时，便成了"四书"之一。

《大学》是孔子及其门徒留下来的遗书，是儒学的入门读物。所以，朱熹把它列为"四书"之首。朱熹重新编排，分为"经"和"传"两个部分。其中"经"一章，是孔子的原话，由孔子的学生曾子记录；"传"十章，是曾子对"经"的理解和阐述，由曾子的学生记录。这便有了我们今天所见到的《大学》的版本。

83 游褒禅山①记

王安石

褒禅山亦谓之华山。唐浮图慧褒始舍于其址,②而卒葬之,以故其后名之曰"褒禅"。今所谓慧空禅院者,褒之庐冢也。③距其院东五里,所谓华山洞者,以其乃华山之阳④名之也。距洞百余步,有碑仆道⑤,其文漫灭,独其为文犹可识,曰"花山"。今言"华"如"华实"之"华"者,盖音谬也。

其下平旷,有泉侧出,而记游者甚众,所谓"前洞"也。由山以上五六里,有穴窈然,入之甚寒,问其深,则其好游者不能穷也,谓之"后洞"。余与四人拥火以入⑥,入之愈深,其进愈难,而其见愈奇。有怠⑦而欲出者,曰:"不出,火且尽。"遂与之俱出。盖余所至,比好游者尚不能十一,⑧然视其左右,来而记之者已少。盖其又深,则其至又加少矣。方是时,余之力尚足以入,火尚足以明也。既其出,则或咎其欲出者,而余亦悔其随之,而不得极夫游之乐也。⑨

于是余有叹焉。古人之观于天地、山川、草木、虫鱼、鸟兽,往往有得,以其求思之深而无不在也。夫夷以近,⑩则游者众;险以远,则至者少。而世之奇伟、瑰怪,非常之观,常在于险远,而人之所罕至焉,故非有志者不能至也。有志矣,不随以止也,然力不足者,亦不能至也。有志与力,而又不随以怠,至于幽暗昏惑而无物以相⑪之,亦不能至也。然力足以至焉,于人为可讥,而在己为有悔;尽吾志也而不能至者，可以无悔矣，其孰能讥之乎？此余之所得也。

余于仆碑，又以悲夫古书之不存，⑫后世之谬其传而莫能名者，何可胜⑬道也哉！此所以学者不可以不深思而慎取之也。

四人者：庐陵萧君圭君玉，⑭长乐王回深父，⑮余弟安国平父、安上纯父。⑯

【注　释】

① 褒禅山：位于今安徽省马鞍山市。

② 浮图：古印度文字音译词，可译为"浮屠"，即佛教徒之意，这里指僧人。慧褒：唐朝非常有名的和尚。

③ 庐：和尚的禅房，就是和尚常常坐禅的房间。冢：坟冢，即坟墓。

④ 华山之阳：在古代，人们称山的南面为"阳"，因此这里解释为华山的南面。

⑤ 仆道：扑倒在路上。仆：扑。道：道路。

⑥ 拥火以入：拿着火把走进去。

⑦ 怠：本意是懒惰，这里主要指因害怕而不敢继续往前走的人。

⑧ 比好游者尚不能十一：与那些喜欢游玩的人相比较还不足十分之一。

⑨ 而不得极夫游之乐也：而不能够尽情地享受游览洞穴的快乐。

⑩ 夫夷以近：那些道路很平坦而且距离较近的地方。夷：平坦的意思。

⑪ 相：这里读 xiàng，帮助、辅助的意思。

⑫ 又以悲夫古书之不存：（我）又因此而悲叹古代典籍文献的丢失（是多么可惜）。

⑬ 胜：这里读 shēng，尽的意思。

⑭ 庐陵：今天的江西吉安。萧君圭：人名，具体事迹不详。

⑮ 长乐：在今天的福建长乐。王回：为北宋学者，其字深父。

⑯ 安国平父：指王安国，其字平父。安上纯父：指王安上，其字纯父。安国平父和安上纯父二人皆是王安石的弟弟。

【知识链接】

《游褒禅山记》是一篇著名的游记,写于至和元年(1054年)七月,全篇主要以议论说理为主,因事见理,记游次之。这是一篇独具特色的游记,文中提出:"然力足以至焉,于人为可讥,而在己为有悔。尽吾志也而不能至者,可以无悔矣,其孰能讥之乎?"这里告诉我们,凡事都应当竭尽全力,如果体力原本足以支撑自己到达却因为轻言放弃而没有到达,那么别人是可以讥笑你的,自己也会因此懊悔不已。而如果尽力了却仍旧没有到达,没有谁会讥笑你,自己也不会因此而后悔。

84　祭十二郎文①

韩　愈

年、月、日，②季父③愈闻汝丧之七日，乃能衔哀致诚，使建中远具时羞之奠，④告汝十二郎之灵。

呜呼！吾少孤，及长，不省所怙⑤，惟兄嫂是依。中年，兄殁南方，吾与汝俱幼，从嫂归葬河阳；既又与汝就食江南，零丁孤苦，未尝一日相离也。吾上有三兄，皆不幸早世。承先人后者，在孙惟汝，在子惟吾，两世一身，⑥形单影只。嫂尝抚汝指吾而言曰："韩氏两世，惟此而已！"汝时尤小，当不复记忆；吾时虽能记忆，亦未知其言之悲也。

吾年十九，始来京城。其后四年，而归视汝。又四年，吾往河阳省坟墓，遇汝从嫂丧来葬。又二年，吾佐董丞相于汴州，汝来省吾，止一岁，请归取其孥⑦。明年，丞相薨，吾去汴州，汝不果来。是年，吾佐戎徐州，使取汝者始行，吾又罢去，汝又不果来。吾念汝从于东，东亦客也，不可以久；图久远者，莫如西归，将成家而致汝。呜呼！孰谓汝遽⑧去吾而殁乎！吾与汝俱少年，以为虽暂相别，终当久相与处，故舍汝而旅食京师，以求斗斛⑨之禄；诚知其如此，虽万乘之公相，吾不以一日辍汝而就也！

去年，孟东野往，吾书与汝曰："吾年未四十，而视茫茫，而发苍苍，而齿牙动摇。念诸父与诸兄,皆康强而早世,如吾之衰者,其能久存乎？吾不可去,汝不肯来;恐旦暮死,而汝抱无涯之戚也。"孰谓少者殁而长者存,强者夭而病者全乎？

呜呼！其信然邪？其梦邪？其传之非其真邪？信也,吾兄之盛德而夭其嗣乎？汝之纯明而不克蒙其泽乎？少者强者而夭殁,长者衰者而存全乎？未可以为信也。梦也,传之非其真也？东野之书,耿兰之报,何为而在吾侧也？呜呼！其信然矣！吾兄之盛德而夭其嗣矣！汝之纯明宜业其家者,不克蒙其泽矣！所谓天者诚难测,而神者诚难明矣！所谓理者不可推,而寿者不可知矣！虽然,吾自今年来,苍苍者或化而为白矣,动摇者或脱而落矣,毛血⑩日益衰,志气⑪日益微,几何不从汝而死也！死而有知,其几何离？其无知,悲不几时,而不悲者无穷期矣！

汝之子始十岁,吾之子始五岁,少而强者不可保,如此孩提者,又可冀其成立邪？呜呼哀哉！呜呼哀哉！

汝去年书云:"比得软脚病,往往而剧。"吾曰:"是疾也,江南之人,常常有之。"未始以为忧也。呜呼！其竟以此而殒其生乎？抑别有疾而至斯极乎？汝之书,六月十七日也。东野云:汝殁以六月二日;耿兰之报无月日。盖东野之使者,不知问家人以月日;如耿兰之报,不知当言月日;东野与吾书,乃问使者,使者妄称以应之乎。其然乎？其不然乎？

今吾使建中祭汝,吊汝之孤与汝之乳母。彼有食,可守以待终丧,则待终丧而取以来;如不能守以终丧,则遂取以来;其余奴婢,并令守汝丧。吾力能改葬⑫,终葬汝于先人之兆⑬，然后惟其所愿。

呜呼！汝病吾不知时，汝殁吾不知日，生不能相养于共居，殁不得抚汝以尽哀⑭，敛不凭其棺，窆⑮不临其穴。吾行负神明而使汝夭，不孝不慈，而不能与汝相养以生，相守以死；一在天之涯，一在地之角，生而影不与吾形相依，死而魂不与吾梦相接，吾实为之，其又何尤！彼苍者天，曷其有极！自今已往，吾其无意于人世矣！当求数顷之田于伊颍⑯之上，以待余年，教吾子与汝子，幸其成，长⑰吾女与汝女，待其嫁，如此而已！

呜呼，言有穷而情不可终，汝其知也邪？其不知也邪？呜呼哀哉！尚飨！⑱

【注　释】

① 选自《中国历代文学作品选》（贵州人民出版社 2008 年版）第三卷第 186 页。

② 年、月、日：此为拟稿时原样。

③ 季父：父辈中排行最小的叔父。

④ 建中：人名，当为韩愈家中仆人。时羞：应时的鲜美佳肴。羞：同"馐"。

⑤ 怙(hù)：失父曰失怙，失母曰失恃。

⑥ 两世一身：子辈和孙辈均只剩一个男丁。

⑦ 取其孥(nú)：把家眷接来。

⑧ 遽(jù)：骤然。

⑨ 斗斛(hú)：唐时十斗为一斛。斗斛之禄：指微薄的俸禄。

⑩ 毛血：指体质。

⑪ 志气：指精神。

⑫ 力能改葬：假设之意。

⑬ 兆:葬域,墓地。

⑭ 抚汝以尽哀:指抚尸恸哭。

⑮ 窆(biǎn):下棺入土。

⑯ 伊颍(yǐng):此指故乡。

⑰ 长(zhǎng):用作动词,养育之意。

⑱ 尚飨:古代祭文结语用词,意为希望死者享用祭品。

【赏 析】

韩愈写此文的目的不在于称颂死者,而在于倾诉自己的痛悼之情,寄托自己的哀思。这主要表现在三个方面:一是强调骨肉亲情关系。作者与老成,名为叔侄,情同手足,"两世一身,形单影只"。老成先逝,子女幼小,更显得家族凋零,振兴无望。这在注重门庭家道的古代,引起韩愈的切肤之痛是理所当然的。二是突出老成之死实出意料之外。老成比作者年少而体强,却"强者夭而病者全";老成得的不过是一种常见的软脚病,作者本来不以为意,毫无心理准备,因而对老成的遽死追悔莫及,意外的打击使他极为悲痛。三是表达作者自身的宦海沉浮之苦和对人生无常之感,并以此深化亲情。